徳富蘇峰が観た三人の校祖

福澤諭吉・大隈重信・新島 襄

志村 和次郎 著

大学教育出版

はじめに

一九七一（昭和四六）年に発刊された徳富蘇峰著『三代人物史』がある。読売新聞に昭和二九年から三一年まで一〇一回にわたって連載されたものを没後一冊にまとめたものである。徳富蘇峰は、明治・大正・昭和にわたる各時代に順応して、それぞれの時代をジャーナリストとして精力的に生きぬき、日本の近代国家の進化、転変を一身に体現した。それは近代から現代までの日本の姿を形容している。『三代人物史』では、同志社の新島襄と早稲田の大隈重信、慶應の福澤諭吉の事業との比較に始まっている。その中で、「大隈と福澤がその開校当初からすでに著名であったのと異なり、新島は全く無名であった。大隈も、福澤も大且つ広なる地盤の持ち主であったが、新島には何もなかった。山本覚馬の協力によって、彼の信用と勢力とを新島の地盤にしたに過ぎなかった。同志社創立から約一五年間、同志社以外に何もなかった」と述べている（『三代人物史』）。

さて、本書は平成一六年発刊の『新島襄と私立大学の創立者』の続編ともいうべきもので、福澤諭吉、新島襄、大隈重信の三人の校祖に絞って内容を大幅に補稿したものである。

大隈重信は政治家として高く評価されているので、明治の二大教育家は福澤諭吉と新島襄で衆目一致するが、福澤と新島の二人の間は、生前親しく交わりを持ったという話は耳にしない。二人の校祖は、民主主義を基点にしている点では同じであるが、国体、国家論そして宗教論、さらに大学昇格問題をめぐって、互いに譲れぬ確執があったのは事実である。

徳富蘇峰は、福澤と新島を「明治年間の教育の二大主義を代表する人」と評して、「物質的知識の教育は、福澤に依って代表せられ、精神的道徳の教育は、新島に依って代表せらる」と述べている。さらに、「二人の活動領域や生活態度は異なっていても、ともに日本青年の気風、性質、品行等に共感化を及ぼし、併せて明治社会を包蔵する大気に其の感化を及ぼす点で大きく寄与する存在であった」と言っている。

福澤諭吉は日本の近代思想の出発を告げた代表的な知識人であった。独立自尊を唱えて、慶應義塾を創設し、一方で西洋啓蒙思想家であり、明治新時代の設計者といわれた。

明治新政府は一八七一（明治四）年七月に廃藩置県を行い、全国の教育行政を総括する機関として文部省が設置された。これを機に翌明治五年には「学制」が敷かれ、教育の近代化のための施策が実行に移された。高等教育についても、一八七七（明治一〇）年には東京開成学校と東京医学校が合併して、東京大学（のちの帝国大学）が誕生した。時代は社会、経済改革に対応した教育制度、とりわけ高等教育が極めて重要であり、有能な人材を社会へ送り出す必要に迫られていたからである。

しかし政府のつくった東京大学は有能な官僚を養成するのが主目的であったから、一方で、市民社会に根差した個性のある私立大学の創設も望まれていた。

このような時代背景の中で、新島襄は一八七四（明治七）年、アメリカ留学を終え、満三一歳で帰国した。そしてキリスト教主義への抵抗の強い中で、苦難の連続であったが、ようやく明治八年の一一月二九日に京都に同志社英学校（現・同志社大学）を開校した。

そして、その六年後、「明治一四年の政変」で参事を退任した大隈重信が再起を期して、「片手に政党、片手に学校」という構想のもとで、立憲改進党の結成を終えると、小野梓の協力を得て、明治一五年一〇月二一日に東京専門学校（現・早稲田大学）を創設した。

しかし、時代は「明治一四年の政変」を機に、政府は帝政ドイツの憲法を導入し、民権主義は後退して国権主義つまり、人民の権利よりも国家の利益を優先する考えになった。このため、政府、官僚機構が決定権をにぎり、官僚主導、官立大学の優位は歴然とし、徴兵令をはじめ私立学校に不利な行政が平然と行われた。

本書では福澤諭吉、新島襄、大隈重信の私立大学の三人の創立者を取り上げ、その建学理念、創設後の苦難、めざした教育の特長と影響を探索し、三人の実像に迫ってみようと思う。

三人の創立者の人格的な特徴として「独立不羈」が共通点として挙げられる。「独立不羈」とは他からの束縛をまったく受けず、制御されることなく、みずからの考えで事を行うことである。つまり古い権力機構を変えないことを基本原理とする朱子学とは相反する変革の思想が背景にある。社会の変化に合わせて、儒学を体系化し直した陽明学、そして文明開化と共に興った「洋学派」、さらにキリスト教文化が導入され、近代明治の変革が始まったのである。具体的に創立者の「独立不羈」の精神は、慶應義塾は「独立自尊」、同志社は「自由・自治・自立」、早稲田は「学問の独立」として、見事に具現化されている。

今、再び維新改革が話題になっているが、その先駆けとなった坂本龍馬像は司馬遼太郎の代表作『竜馬がゆく』で創られた。司馬はその著書で、坂本龍馬、中江兆民も独立不羈であると言っている。土佐藩は風土的精神として、拘束を好まずといい、龍馬の独立不羈の性格が最もよく現れたのは長崎における亀山社中（後の海援隊）の着想と結成だったと言っている。確かに、この浪人結社は薩摩など他藩から出資を受けた株式会社であり、海運会社であり、貿易商社であり、機に応じて海軍にもなり得る組織であった。そのため龍馬は、海外貿易に目的を置き、海援隊の力をバックにして、薩長の仲介をしたり、大政奉還の奇手を演出したりできたのである。さらに、「役人にはならない」「新政府に官職を求めない」という無私になったのが、説得力となり、スケールの大きな仕事につながったのである。（『この国のかたち』一九九〇　文芸春秋社）

龍馬と同様に、福澤、大隈、新島の三人も独立不羈の先覚者であり、日本の私立大学の源流を創っろう。
た功労者である。新島襄と大隈重信は倜儻不羈《てきとうふき》といっているが、独立不羈と同義語と解してよいだ

さて、三人に共通していることは、中津藩、佐賀藩、安中藩の藩士の出身であり、各々、英学をマスターし、三人とも欧米の文化・文明に精通していることである。そして三人には良き師と良き参謀がいた。福澤諭吉の師は適塾の緒方洪庵、新島はアーモスト大学シーリー教授、大隈重信にはフルベッキ牧師である。さらに事業家には欠かせないパートナー、参謀にも恵まれている。福澤には中上川彦次郎、小泉信吉、鎌田栄吉ら、新島には山本覚馬、湯浅治郎、徳富蘇峰ら、大隈には小野梓、高田早苗、天野為之、市島謙吉らがいる。

さらに、三人とも事業素養にも恵まれ、今日で言うベンチャー・スピリットが旺盛であり、短命に終わった新島を別として、大隈と福澤は政、財界に大きな影響力を及ぼす存在になった。

また、大隈と福澤、大隈と新島にはそれぞれ友好的な関係があり、特に大隈は自分の設立した東京専門学校があるにもかかわらず、募金活動で新島襄の総合大学設立運動に加担する。しかも新島死後、大隈は新島との友情から、アメリカンボードと同志社の紛争の調停役を務めている。逆に同志社から新島襄の弟子である家永豊吉、大西祝《はじめ》、岸本能武太、浮田和民、安部磯雄の五教授が東京専門学校へ行き、後の早稲田の隆盛を築く礎になっている。

また、大隈と福澤との関係は同じ東京が拠点であったこともあり、三五年間にわたる親密な関係

であった。慶應義塾が財政難に陥った時、大蔵卿の大隈と何度も相談している。維持募金が集まったことで危機を脱するが、その時以来大隈と福澤は学校だけでなく、事業についても助け合い、たとえば福澤は大隈から政府機関紙の発行を依頼されたり、福澤の横浜正金銀行設立企画に大隈が賛同し、協力したりしている。

本書のねらいは、近代日本の高等教育の礎となった創立者たちの設立の苦難を知り、その根底となった「建学の精神」を改めて確認し、先人の業績から、多くの教訓を学びとることにある。ただ最初に触れておきたいのは慶應義塾、早稲田に比較すると、同志社はその建学の精神であるキリスト教主義が戦時中に弾圧を受けたことである。そのためハンディキャップがあったことは事実である。最終章では、言論人で、歴史家である徳富蘇峰が三人をどのように観てきたか、教育家、政治思想家、文化人と、多面的な顔を持つだけに、興味深いものがある。教育界への影響を探索し、蘇峰自身の言動と行動に加え、交遊関係にも触れてみたいと思う。

今日、大きな変革期を迎えているわが国で、今あらゆる分野で新しい価値観、構造変革が進んでいる。政治、経済から教育にいたるまで、日本人としての生き方が問われている。三つの私立大学は、創立者の「健学の精神」がＤＮＡとなって生き続け、あらゆる分野で指導者、有能な人材を輩出している。

「個」の時代を迎え、大学教育でも、いかに才能を見いだし、活かし、育てるかという新たなリベラルアーツ教育、少人数教育が模索されている。つまり温故知新、伝統にプラスした新たな大学教育の課題への取り組みが必要になっている。

その意味で、今こそ、政治、経済、文化など社会の変革とともに、伝統の良さを生かしながら、変わるものと変わらないものを明確に区分した上で、創立者の理念、教えを問い直し、未来へ向かって、変化への挑戦を始めなければならないと思う。

本書が多くの読者に、校祖の夢と希望を継承する助けとなり、後世への橋渡しになれば幸いである。

二〇一〇年一二月

志村　和次郎

徳富蘇峰が観た三人の校祖
――福澤諭吉・大隈重信・新島襄――

目次

徳富蘇峰が観た三人の校祖

――福澤諭吉・大隈重信・新島襄――

第一章　日本の近代教育のめざめ

文明開化と明六社の啓蒙思想

近代日本における第一の開国は徳川幕府の崩壊による明治維新の一八六八（明治元）年で、第二の開国は太平洋戦争後、主権在民となった一九四五（昭和二〇）年であると言ってよいだろう。

日本の歴史をみるとき、大きく時代が変わるきっかけをつくったのは古くは大化の改新、建武中興、戦国時代が終わって一七世紀初めの大変動もあったが、長い鎖国時代に終止符を打ち、国家の体制と文明のあり方が国民全体を巻き込んで同時に変容した明治維新は、時代の区切りとして、画期的であった。しかしその反面、矛盾と可能性が混在し、結果を将来へ持ち越す終わりのない時代の幕開けでもあった。

明治維新によって、国内の統一が進んだわが国にとって、次に必要になってくることは、欧米諸国と文化、生活レベルを同じ水準にすることであった。そのため、積極的に西洋の文明、近代思想や高度な技術などを導入しようと、西洋化促進策がとられることになる。

これが、明治初期の新しい風潮となり、東京をはじめ大都市では庶民の生活にも大きな変化がみられるようになった。人びとは、着物から洋服へ着替え、チョンマゲをやめて文明開化の象徴とも言えるザンギリ頭が流行した。レンガ造りのモダンな西洋建築、ガス燈、人力車、鉄道馬車がお目見えし、一躍、東京名物となった。富国強兵を目的とした殖産興業など、近代産業の育成も国民生活を大きく変えた。

明治四年七月に廃藩置県が実施され、国の近代化路線が明確にとられるようになり、欧米をモデルに学制、徴兵令、地租改正令などの改革が実行された。

文明開化と共に、西洋の諸制度に着目し、最も影響力を行使したのが福澤諭吉である。続いて、新島襄とも親しい前駐米公使だった**森有礼**は帰国後、文部卿に就任し、明治六年に「明六社」を設立した。これには**津田真道**、**西周**、福澤諭吉、**中村正直**、加藤弘之ら主要な洋学者が参加した。明治七年三月から明治初期啓蒙思想の普及のために「明六雑誌」を発刊し、開化期の啓蒙に指導的役割を果たした。明六社の人たちがめざしたことは、広い範囲の知識と教養を身につけるため、政治を超えたあらゆる分野にわたって外国の文明を紹介し、移植することにあった。

明六社の会員は、当時、いずれ劣らぬ第一級の学者たちであり、明治新政府の採択した「上か

森　有礼
（国会図書館提供）

ら」の開国、富国強兵の近代化の路線を支持しながら、啓蒙思想を一般国民に浸透、定着させるために演説や雑誌の発行を通じて、広く民衆に訴えかけた。機関紙「明六雑誌」で取り上げられたテーマや月二回、精養軒で開催された公開の演説会における論題の多様さからでもわかるように、それは、啓蒙思想家集団にふさわしい国民への経済、社会、文化、生活にいたる全分野での啓蒙活動が行われた。明六社の性格は、発足当初の一〇名の会員名簿が明らかにするように、彼らはすべて東京在住の有名人であり、旧開成所関係の学者たちを中心とした高度の学術結社であった。また、福澤諭吉を除いて、その多くは明治政府に仕官する「官員学者」であった。新島襄は一年遅れて、明治八年一一月の帰国であり、参加していれば福澤と早くから交わる機会があったかもしれない。

そしてすぐに新島は京都へ主な活動の場を移してしまい、明六社の活動には参加できなかったのは残念である。

その後、新島襄の弟子、徳富蘇峰が明治二〇年に民友社を興した。この民友社は「第二の明六社」といわれるが、もちろん、明六社の単なる二番煎じではなく、それは、維新直後の文明開化と自由民権運動の時代をくぐりぬけた人びとの集団にふさわしい、明治啓蒙思想やキリスト教、欧化主義の洗礼を受けたジャーナリスト、文筆家、思想家たちから成り立っていた。

森有礼（一八四七〜一八八九）
薩摩藩士。上野景範に英学を学び、イギリス、アメリカに留学。駐米代理公使の時、新島襄と会い、岩倉使節団へ誘う。第一次伊藤内閣の初代文部大臣となり学校制度の改正を行う。また私財により商法講習所（一橋大学の前身）を設立。憲法発布式典の日、暗殺される。

津田真道（一八二九〜一九〇三）
津山藩（岡山県）生まれ。明治期の法律家、法学博士。箕作阮甫・伊東玄朴に蘭学を、佐久間象山に兵学を学ぶ。蕃書調所の教授手伝となり、オランダに留学、帰朝後、明治政府に出仕した。

西周（一八二九〜一八九七）
島根県生まれ。啓蒙思想家・教育家。父は津和野藩医。一八五七（安政四）年、幕府の蕃書調所教授手伝並となり、一八六二（文久二）年から三年間オランダに留学する。明治元年『万国公法』を訳刊、明治三年に兵部省へ出仕、「明六雑誌」に論文を発表した。

中村正直（一八三二〜一八九一）
東京麻布の生まれ。教育家。父は幕府の同心。昌平黌に学び、文久二年幕府の儒官となる。一八六六（慶応二）年幕府遣英留学生の監督として渡英。維新で帰国。『西国立志編』『自由之理』を翻訳刊行、ベストセラーとなる。明治六年、同人社を開設。

キリスト教解禁と精神文化への影響

一方、開国とともに、物質文明は西洋化が進むが、依然キリスト教は禁制のままであった。明治新政府は一八六八(明治元)年三月一五日、江戸幕府時代に引き続きキリシタン禁制の高札を掲げたままだった。旧幕府時代には、札《ふだ》の辻《つじ》とか高札場《こうさつば》などがあり、その高札には何々してはいけない、切支丹禁制《きんぜい》と書かれていた。それに対して一八六九(明治二)年五月二日、政府の法律顧問であり、大隈重信の師匠でもあるフルベッキはこれを取り除くよう提言し、また「英国倫教覚書」などのように、各国からも強くキリスト教の自由化を強く求める声が上がった。

世界と同じように普遍性のある法治国家をめざすという点からすれば、この切支丹禁制は矛盾していた。そんな矢先、一八七一(明治四)年一一月一二日横浜を出帆した岩倉具視を代表とする遣欧米使節団が、ヨーロッパ各国において条約改正交渉を打診した際、ことごとく、その点が障害となって相手にされなかった。

当時、滞米中であり、身分も正式な留学生となっていた新島襄は、ワシントン駐在少弁務使・森有礼などを通じて、キリスト教禁制を解くよう働きかけていた。

また、合衆国教育局長官であるイートンからは「教育はキリスト教の徳にもとづくべきである」

という教育思想を伝えられたが、岩倉使節団のほとんどが「立君国郡県之体制」である日本には適当でないと最初から考えていたので、双方の意見が噛み合わなかった。

教育問題だけでなく、外交、貿易など条約改定にはことごとく、キリスト教禁制が壁になった。そのため一八七二（明治五）年五月一日副使の伊藤博文が一時帰国し、太政官代において速やかにこれを取り除くよう建言するにいたった。

ついに、明治政府は曖昧な文書により切支丹禁制高札を撤去した。（正式には一八七三（明治六）年二月二四日）、このキリスト教禁令が撤廃され、それによって以後の岩倉使節団に対する各国の協力は増し、友好的雰囲気のうちに事を進められるようになった。このように、キリスト禁制解除のアクションを起こしたのは岩倉使節団であるが、新島も三等書記官心得としてその役割を助演した。

また、森有礼は「明六雑誌」で「宗教はあくまでも個人の信仰上の問題である。したがって何人もまたいかなる政府も、人がそれぞれの胸底に抱く信仰を否認すべき権威を有さない」と明確に信仰の自由を認めている。因みに三男の明は牧師になり、孫の有正もクリスチャンで東大教授を務めている。森も新島も日本の近代国家を考える上で、教育を通じての人間改善、特に男女平等社会の重要性を説いた。その面からは、福澤の『文明論の概略』でいう文明の精神も同じであり、学問を通しての市民の精神発達と学識の向上は近代国家の基礎と考えたのである。

ところが、福澤が唱える西洋の物質的知識の教育は、キリスト教など精神教育を後回しにしたものであり、新島襄などが主張する知育、徳育並行教育とは一線を画するものであった。福澤による文明開化に向けた啓蒙活動の影響は大きいが、一方で新島らの民主主義や西洋文明の根底にキリスト教があるということを明確にしておく必要がある。

岩倉使節団の役割と収穫

一八七一（明治四）年、明治新政府は、日本が幕末に通商修好条約を締結した諸国を歴訪する大規模な使節団を派遣する。その目的は、①明治新政府を諸外国に承認させること、②不平等条約改正交渉の開始、③西欧文明および産業、教育事情の視察の三つである。

この使節団は**岩倉具視**を全権大使とし、副使として、参議・**木戸孝允**（三九歳）、大蔵卿・**大久保利通**（四二歳）、そして若き日の**伊藤博文**（三一歳）などがいた。これに実務を担当する書記官、各省の専門調査理事官などで、総勢四八名。さらに六〇人近くの留学生も随行した。その中には、後に民権思想のリーダーとなる中江兆民、ルーズベルト大統領の学友となって日露講和に貢献する金子賢太郎などがいた。

さらに異色なのは、女子教育が大切だとして五人の少女を同行させたことである。津田仙の娘の

津田梅子はまだわずか七才で、留学生の一人として米国へ渡航した。

確かにその当時、まだ新しい国をどうつくるかという青写真はまだなかったわけだから、欧米を中心とした当時の国際社会のありさまを自分の目で見て考えようというのが、この使節団の目的であり、明治以降の近代日本の構築はこの岩倉使節団がさきがけとなって、この構想によって行われたと考えてよいと思う。

使節団の目的は条約改正や、経済・産業視察など政治的な面が強く出ていたが、明治新政府による新教育政策の確立のために、先進欧米各国の教育制度を調査、研究することも大きな役割の一つであった。

米国留学中の新島襄が現地から随行として加わり、欧米各国の教育事情を調査した。その調査報告書は「理事功程」としてまとめられる。これは文部省が明治六年から順次、全一五巻として出版したが、海外諸国の教育状況とその留意点が記されている。その実地調査の内容は、アメリカ・イギリス・フランス・ベルギー・ドイツ・オランダ・スイス・デンマーク・ロシアの各国教育制度についての詳細な報告である。その後、教育令が発布されるが、この報告書を基に作られたことを考えると「理事功程」は極めて重要な役割を果たしたことになる。

森有礼は明治政府が海外に派遣した最初の外交使臣であり、当時、新島より四歳若い二三歳で、英米に三年間留学の経歴から、語学堪能で有能な外交官であった。国禁を侵して渡米し、勉学を続けてきた新島に対して、森は日本政府宛に文書で、現在の新島の状況、米国で学んだ事柄、そして母国に帰りたい旨などを簡単に書けば、自分が政府に取り次いで「留学免許状」を取れるように便宜を図ると伝えた。さらに、留学中の費用のすべてを弁済するので、その明細の提出するようにと、併せて申し出た。

森としては、米国にいるすべての留学生を総動員して、近々来訪する岩倉使節団の前準備をする必要があり、とりわけ、最高学府の大学を出ていた新島にはどうしても協力して欲しかったのである。しかし、新島は、愛国心は旺盛であったが、留学費用をもらうことは自らの勉学が明治国家に拘束されることを意味するとして、これを断る。新島はボストンの養父、ハーディーに手紙でそのことを訴え、自分はアメリカの自由なクリスチャンの一市民であるとともに、ハーディーの援助によって支えられてきた自由な日本人でいたいと願いを伝えた。すでに新島とハーディー夫妻は実の親子以上の親密な関係であり、当然この希望はハーディーに了承された。そこで新島は、国費留学生になることだけは丁重に断ったが、五ヵ月後には政府当局から留学免許状と旅券が届き、晴れて国外不法脱出の罪は抹消され、亡命者としての日陰者ではなくなったわけである。翌一八七二（明治五）年二月には、岩倉具視を代表とする遣米使節団がワシントンに到着するが、その前に諸事万端をととのえるべく準備に当たっていた責任者である、森有礼は留学生の一人ひとりに仕事を割り当てた。わずかの期間で、代理公使に昇格した森は、初めて新島に会って以来、彼の役割を大きく意識していたので、早速ワシントンへ来るよう懇請し、新島もそれに応じた。

森は欧米諸国の教育施設の調査を任務とする文部理事官の**田中不二麿**に新島をふり当てることを決めた。田中は新島に随員の一人として参加してもらいたいと一枚の辞令を渡した。これに対して新島は「自分は日本政府から生活費をもらっている身分ではなく、これこれをせよと命令される立場ではない。しかし一定の報酬を与えられ、これこれをやって欲しいと頼まれれば喜んでやります」と答えた。

その結果、新島はこの重要な任務を行うことに同意した。報酬は、年二四八四ドル、ほかに日当五ドルであった。今まで慎ましい生活をしていた新島にとっては、思いがけない高額の報酬であった。それだけ、森と田中は新島を評価していたわけである。

五月、新島は田中文部理事官と二人でニューヨークからヨーロッパに渡り、イギリス、フランス、スイス、ドイツ、さらにロシアを訪ね、オランダ、デンマークも訪問し、そしてベルリンにもどって、ドイツを重点的に調査し、資料の整理、報告書の作成に多忙な日々を過ごした。そして田中は新島を口説いて、自分と一緒に帰国することを勧めた。片腕になって文部省で働いてもらおうと思ったからである。新島は田中とは半年以上行動を共にし、親友にもなっていたので、熱心な懇請に迷うが、結局、アンドーバー神学校の勉強が残っていることを理由にその申し出を断った。

体調を崩し、また**青木周蔵**駐独大使にも勧められ、さらに約七カ月間ベルリンに滞在して、その調査の報告書の作成と静養をしたので、ヨーロッパ滞在は当初の予定より長びき、一年四ヵ月に及んだ。

新島襄にとっては岩倉使節団の一員であったことは、その後の人生に大きな影響を与えた。そして少なくとも三つの収穫があったといえそうだ。

一つは、各国の教育事情を視察することで広く自身の見識を高め、学校教育の指針を得たこと。二つめに、田中をはじめ、森有礼、木戸孝允、青木周蔵、品川弥次郎ら明治新政府の高官になる人たちと親しくなり、人脈が形成できたこと。三つめが、帰国後、教育の場に自身の身を置き、キリスト教主義の自由・自立の私立学園設立の意につながったことである。そしてこの三つめの人生の決断が、何といっても岩倉使節団から得られた最大の収穫であった。その動機となったのは、欧米文明とキリスト教の精神をもって日本を文明国にしようとする愛国心であり、もう一つはキリスト教の理念を基にした、市民が参加できる自由な学校が必要であるという思いである。

新島は、恩師J・H・シーリーの影響を受けて、『キリスト教なき国は自由なし』という信念を持ち、「キリストは神の子にして人のために死せり」というキリスト教の大原理は、この贖罪によって万民が救済される思想を含み、ここに階級的観念が消滅する。すなわち、ここでいう自由とは、個人の精神的自由ではなく、思想・学問・宗教・言論・結社・選挙などの政治的自由のことを指す。新島は、そのような政治的自由を持った市民が国政を司る「自由制度の国」（議会制民主主義国家）

を理想とし、日本をこのような自由制度の国にし、日本と東洋に「文化の光」を輝かせたいと念願したのである。

このように、このままでは日本は近代的な市民国家へと成長できないという強烈な危機意識が新島にあったことが、同志社建学への強い意志につながったと考えられる。

岩倉具視（一八二五〜一八八三）
堀河康親の次男で岩倉具慶の養子。一八六八（明治元）年には王政復古を主導し、明治維新の指導者になる。外務卿、特命全権大使、左大臣。征韓論を阻止するなど政局を指導し、一八七一（明治四）年から一八七三（明治六）年の岩倉使節団の団長として広く欧米を視察した。

木戸孝允（一八三三〜一八七七）
萩藩士。旧名桂小五郎。京都で攘夷親征を画策し堺町門の変のため挫折。一八六五（慶応元）年帰国して藩政改革に参画、薩長同盟を結ぶ。一八六八（明治元）年明治政府の参議に進み、廃藩置県などに取り組む。さらに岩倉使節団副使となり、米国で新島と親しくなる。日本の近代化に主導的役割を果した。

大久保利通（一八三〇〜一八七八）
薩摩藩士。島津斉彬の死後、西郷隆盛と共に藩を倒幕へと誘導、維新へ導いた功労者。維新後は廃藩置県など数々の改革を断行。一八七一（明治四）年、欧米派遣全権副使となり巡歴。帰国後、内治優先を唱え征韓論で西郷と対立。その後も参議兼内務卿として活躍した。

伊藤博文（一八四一〜一九〇九）

萩藩足軽十蔵の長男。松下村塾門下で、桂小五郎に従って東上し、勤王諸士と交わる。一八六三（文久三）年に英国留学。維新後、岩倉使節団の副使となり、欧米視察。大蔵少輔・工部大輔などを経て明治政府中枢へ。その後初代内閣総理大臣になる。ハルピンで暗殺される。

津田梅子（一八六四〜一九二九）

津田仙の次女として生まれる。明治四年、七歳のとき岩倉大使の一行に加わり初の女子留学生としてアメリカに留学し、一八歳で帰国。華族女学校教授。一八八九（明治二二）年再び米国ブリンマー・カレッジに留学し、帰国後の明治三三年、女子英学塾（現津田塾大学）を創立した。

田中不二麿（一八四五〜一九〇九）

一八六九（明治二）年十月大学校御用掛として教育行政に参画し、明治四年一〇月文部大丞に任ぜられ、欧米派遣岩倉大使一行に文部理事官として加わる。新島襄と密接なコンビで欧米教育事情を視察。その結果を理事功程にまとめ、公開する。

青木周蔵　（一八四四～一九一四）
外交官。駐独、米大使。新島襄が岩倉使節団で訪欧時の駐独大使。

福澤諭吉の啓蒙思想と国体論

明治維新の西洋化施策は、その後の日本の近代化の過程において欠かせないものであった。維新期の危機とは、アメリカ、イギリス、ロシアなどの列強諸国が攻め寄せてくるという軍事的な危機よりも、近代国家群という新しい文明との接触により、日本を国家として意識すると同時に、それは独自の日本文明を生み出すか、西欧文明に吸収されるかの岐路に立たされるというジレンマに直面したことである。

福澤諭吉
（国会図書館提供）

開国してみれば、そこには日本固有の文化や文明が浮き彫りになり、すぐこの固有の伝統を押し流す西欧化の波が押し寄せてきたわけである。富国が先か強兵が先か、身分的な制度からの解放はしたいが、武士道は守りたい、自由で西洋的な生活観は歓迎するが、日本固有の生活様式まで変えたくない、など国政のレベルから生活のレベルまで揺さぶられたわけである。

そして、明治の知識人にとって、西洋との隔たりは距離だけでなく、経済、文化水準にも愕然とするほどの落差があったので、「西欧化」と「近代化」は疑問の余地のない至上命令になった。その中で、欧米を視察した福澤諭吉はその見識の高さから『文明論の概略』を著した。その中で、いかに国家の独立、政権の自立性を維持するかがナショナリティであり国体であると主張している。

確かに、明治維新で「王政復古」というかたちをとったが、血統がいくら続いていても政治的に従属していれば独立とはいえないと、福澤は『文明論の概略』には書いている。しかしその後、福澤はその国体論を、明治一四年に自ら修正して、皇統の連続性にナショナリティの根幹を求める方向に転換している。

教育の問題でいえば、キリスト教解禁と、外人宣教師の私塾開設や、同じ明治の先覚者である、新島襄と対極の立場で、福澤はキリスト教に対する強い危機感から、仏教と神道のいわば共同戦線によってキリスト教から国体を防衛するという図式を描いていた。

その意味で、キリスト教主義を標榜とする新島襄の同志社とは一線を画したことは明確である。つまり、条約改正で内地雑居が進み、宣教師たちがどんどん国内に入ってくるようになると、キリスト教を拒否できなくなると考えて、日本のナショナリティを維持するために、福澤はかつて否定していた万世一系の皇統に根幹を求め、それを基に国体をつくり出していかなければならないと考えるようになる。

この天皇制を根幹にすえることは、国学や水戸学の中ではすでにいわれてきたことであるが、欧米の学問を学び、ヨーロッパの国家原理を知り尽くした上で、日本の近代国家の国体に万世一系の天皇を基軸にするという福澤国体論は当時の政界に大きな影響を与え、その後の明治憲法体制の構築にも根本的な影響を与えることになったのである。福澤の果たした啓蒙家の役割は非常に大きかったといえる。

福澤は一方で、慶應義塾において高等教育に直接携わり、学問の独立をいち早く掲げたが、国体論からは皇族の積極的な関与、資金の提供を歓迎する姿勢をとったのは、ご都合主義ととられても仕方がない。

新島襄の自由教育と市民国家論

一〇年ぶりに帰国した新島を待ち受けていたものは、新島が予想もしなかった日本国内の政治的な混乱であった。信仰・思想の自由が基本的人権として社会の中に構造化されているアメリカと、教育は臣民教育として、政治的な枠組みの中で行おうとする日本との大きな落差である。新島襄の政治思想、教育に関する考え方は、ピューリタン的民主主義が基本であることはいうまでもない。新島襄の国家論あるいは政治思想一般の観念は、市民的自由主義である。ここでいう「自由」

(Liberty) とは、いうまでもなく社会的自由をさしている。つまり、自由とは、近代文明の中にあって個人の幸福を保障するに必要な社会的条件に何らの拘束が加えられないということである。

さて、明治維新により誕生したばかりの日本という**市民国家**(1)の正当性について、大きな思想的影響を与えたのが前述した福澤諭吉の啓蒙思想と国家論である。

当時の政治課題は、維新前の封建武士団にみられた主従の恩義に基づく「忠誠」概念が崩壊したあと、市民国家に対する新しい忠誠(あるいは国民のアイデンティティー)をどうやって創造するかという問題であった。

つまり、新しくでき上がった市民国家を担う「ネーション」形成について、福澤諭吉は『学問のすすめ』で「日本には唯政府ありて未だ国民あらず」とか「人民は依然たる無気力の愚民のみ」と述べ、当時は一応、政府は存在したが、それを担うべき「真の日本国民」という「ネーション」はどこにもないと言いきっている。この福澤の「愚民」観と同じく、米国に学んだ新島も、自治、独立をめざす自由主義者として、明治、日本国民を痛切に批判した一人であった。

新島　襄

新島襄もまた日本国民のモラルの低迷に悩んでいたわけである。彼があれほどまで国民の精神生活に留意し、それを改革しようとしたのも、実は「ネーション」形成と関係があると考えてよいだろう。福澤流にいえば「一身独立して一国独立す」が、新島にとっても国家論の要諦だったからである。

新島襄の国家観ついては「同志社大学設立の旨意」にも触れているように、この「一国の良心と成る可き人々」を願望した新島の真意こそ重要である。「政府転倒するも、人民必らず国を維持し、日本ネーションを失わざるべし」とし、「市民国家」、民主主義国家を理念としている。つまり国家と政府を明確に区分し、明治政府を批判しながらも、国家（ネーション）を尊重すべしと説いている。そのときの国家イメージは英国の立憲君主制に近く、民主主義国家であり、しかも一部特権階級による少数エリートではなく、中堅人民の活動集合が近代国家を構成するという見識を持っていた。新島襄にとって、「ネーション形成」はこれからの教育事業の理念として、生涯の実践的課題であった。「自由教育、自治教会、両者並行、国家万歳」というのが新島の目的だったからである。

新島の政治思想は、国民を独立させて政府と相対立させることで、国民と国家の緊張関係を保持しようとする英国派市民的政治思想に近いものである。近代化したが国民はまだ真の自由を知らない、明治日本の自由は無神の自由であり、これに基づいた民権論は無神の民権にすぎないと新島は考えたのである。

また、新島は「文明」の本質を物質ではなく精神であると捉えた。彼のいう精神とはピューリタン的キリスト教を基底としていたわけである。その点からも、福澤の物質主義重視とは明確な違いがあるのである。

自ら創立した同志社教育の目的は、神学、政治、文学、自然科学などいずれの分野に従事するにせよ、どれも溌剌たる精神力があって真正の自由を愛し、それによって国家に尽くすことができる人物の養成に努めることであると、その理念を明確にしている。つまり、普通の英学（実学）として「知育」だけでなく、精神的豊かさとしての「徳育」の重要性を強調し、良心を手腕に運用する人物の育成を念願したわけである。それを実現する大学は官立大学では不可能であり、「人民の手に拠って設立する」自治、自立の私立大学の方が有利であると考えたのである。

このように、新島の思想は当時としては時代に先走った考えが随所に見受けられるが、国民の精神文化の安定を願い、そのために最も重要な近代教育のあり方を求め、キリスト教主義の大学開設事業に邁進したわけである。その新島の心の根底にあったのは、自ら挑戦して米国で学び、体験した文明を日本の青年たちに伝えようという使命感であった。

注

（1）近代国家観の一つ。国家主義的、民族主義的な色彩の強い国民国家に対峙して言う。市民国家では市民中心であり、国家の地位は市民社会における一つの行政単位として置かれ、権利、義務の関係では社会契約説をとる国家観である。

『西国立志編』の啓蒙的役割

福澤諭吉に次いで、文明開化、近代化の啓蒙で影響を与えたのは中村正直である。当時のプロテスタンティズムの追い風となり、人びとに大きな影響を与えたのが『西国立志編』である。西国立志編はイギリスのサミュエル・スマイルズの『自助論』（Self Help）の翻訳本であるが、一般市民の教育への関心が高まったことも背景にあって、当時、数十万部売れ、ベストセラーになった。彼は、翻訳の目的を「自由の原理が、欧米で不可欠のものとされている以上、この議論は是非にかかわらず知っているべきだ」と語り、啓蒙主義的立場を鮮明にしている。

この書は「天は自ら助くるものを助く」という信念を思想的根幹とした教訓と、その実例とされる歴史上の人物三百数人の成功立志談を説いたものである。その内容は英国プロテスタンティズムそのものであり、中村の翻訳の名文で「独立心を持て」「依頼心を捨てよ」「自主的であれ」「誠実であれ」「正直であれ」といった徳目が、多くの読者に共鳴を生んだ。さらにもう一つの訳本である『自由之理』は、**ジョン・スチュアート・ミル**の『On Liberty』を翻訳したもので、「最大多数の最大幸福」という功利主義思想を主張し、個人の人格の尊厳や個性と自由の重要性を強調している。

中村正直
（国会図書館提供）

中村正直は幕臣だが、昌平黌《しょうへいこう》出身の英才で、一八六六（慶応二）年英国へ留学し、幕府崩壊とともに帰国した。その後、同人社を開設したり、森有礼の明六社へ参加するなど、明治の教育界で活躍した。「明六社」で福澤と共に活動したが、同じクリスチャンということもあり、福澤よりも新島襄に同志的親しみを感じ、一緒に教育事業に取り組むよう再三、同人社へ新島を誘っている。しかし、新島襄は既に京都で同志社を開校したため、二人の間はそれ以上に進展しなかった。

中村正直も**明治六大教育家**(2)の一人であり、新島襄に、**津田仙**を加えた三人のクリスチャン教育家が揃って、市民社会への啓蒙と当時の高等教育に大きな影響を及ぼすことになったわけである。

注

（2）明治期に近代教育を普及するに当たって功績の大きかった六人をまとめて称した。明治四〇年、帝国教育会、東京府教育会、東京市教育会が主催して、全国教育家大会が東京蔵前高等工業学校（東京工業大学の前身）の講堂で行われ、次の六大教育家の追頌式が行われた。
大木喬任（学制制定時の文部卿）、近藤真琴（攻玉塾を創立、工学、航海術で活躍）、中村正直（同人社を創立、『西国立志編』の翻訳者）、新島襄（同志社を創立、英語、キリスト教分野の逸材を教育）、福澤諭吉（慶應義塾を創立、実業家を輩出）、森有礼（明六社の発起人、文部大臣）。

ジョン・スチュアート・ミル（一八〇六～一八七三）
イギリスの哲学者にして経済学者。父から天才教育を受け、三歳でラテン語、八歳でギリシャ語を習得。社会民主主義・自由主義思想に多大な影響を与えた。ベンサムの唱えた功利主義を大成させる。晩年は自ら社会主義者を名乗る。

津田仙（一八三七～一九〇七）
下総国佐倉藩出身。早くから洋学を志し、蘭学、英学を修め、一八六七（慶応三）年正月、幕府の勘定吟味役小野友五郎に随行して米国を視察。農法を学び、一八七五（明治八）年麻布に学農社農学校を開校した。また、青山学院の創立者の一人で、津田塾大の創立者・津田梅子の父。

キリスト教が教育文化に与えた影響

明治維新政府は新しい政治や社会・教育体制を築くために、多くの外国人を招請し（お雇い外国人）、産業、技術、教育などに当たらせた。一方では独自にキリスト教解禁を待たずに宣教のために入国し、私塾を開いたり、病院の設立など自発的な活動で日本の近代化に貢献した宣教師たちがいた。彼らは大変革の過程で日本社会に同化し、その後日本に永住した人も少なくない。とりわけ来日した宣教師の教育界での影響は大きく、私塾にはじまり、規模の比較的大きなミッションスクールの開設に関わり、キリスト教の布教に併せ、有能な人材養成に貢献した。

一八五九（安政六）年、アメリカの「長老教会」と「オランダ改革派教会」からヘボン、ブラウン、シモンズそしてフルベッキの四名の宣教師が来日した。そして彼らは幕末の神奈川、長崎に上陸、伝道活動を開始した。

ヘボン、ブラウンらは伝道と共に教育活動を行い、後にジェイムス・バラも加わり、伝道学校の気風が生まれ、塾生の中には**井深梶之助**、**植村正久**、本多庸一、押方方義、熊野雄七、奥野昌綱らがいたが、彼らの集まりは「横浜バンド」と呼ばれている。

今日の明治学院の基礎は、井深梶之助、植村正久の二人を中心に、横浜バンドによって築かれた。また、植村らのプロテスタント教会を日本基督公会といい、この公会は純粋な福音信仰に立ってはいるが、まったくの無教派ということではなく、改革派教会と長老派教会の合同した教会であった。

その後、アーモスト大学の**J・H・シーリー**教授の影響を強く受け、日本人で最初の宣教師でもあった新島襄の帰国によって、日本におけるキリスト教は、ピューリタン的プロテスタントが主流となった。目に見えない絶対者なる神に語りかけ、また聖書をとおして神の言葉をきくという宗教的行為は、ピューリタニズムにおいて特徴的に高揚された。

一方、先導したこれらの宣教師も専門の神学教育を受けた人たちだった。そして、ここには従来の日本的宗教とは異質なものがあった。これは少し後のことになるが、興味深い事実は、「札幌バンド」の**W・Sクラーク**も「熊本バンド」の**L・L・ジェーンズ**も宣教師ではなく、いわゆるレーマン（平信徒）であり、しかもこれらの日本人青年との接触もきわめて短期間であったにもかかわらず、彼らが伝えたキリスト教も横浜の宣教師たちが伝えたものとまったく同質の宗教であったわけである。クラークやジェーンズが日本青年にキリスト教を伝道する際、二人の人格からほとばしるピューリタン精神が学生たちを魅了し、神を信じようとする気持ちが高潮したに違いない。

このように、ピューリタン宗教は明治期のわが国のリーダー層の人格形成、学問、思想などに直接影響を及ぼしただけでなく、もし彼らがいなかったらその後の日本の歴史が変わるくらい、その存在と役割は大きかったといえる。

井深梶之助（一八五四〜一九四一）
会津藩校日新館学頭の長男として生まれる。明治学院設立と同時に副総理兼神学部教授になる。普通学部においても英文学を講じ、藤村や戸川秋骨らに大きな影響を与えた。一八九一（明治二四）年、ヘボンの次の第二代明治学院総理に就任した。

植村正久（一八五八〜一九二五）
幕臣の旗本の家に生まれる。明治、大正期のキリスト教の指導者。一八七三（明治六）年、バラ宣教師から受洗した。

S．R．ブラウン塾に学び、牧師になる。東京下谷教会の牧師を経て、明治二〇年番町一致教会（富士見町教会）を設立。明治三六年には東京神学社（東京神学大学）を創立した。

J・H・シーリー（一八二四〜一八九四）
アーモスト大学を卒業後、ドイツに留学し、哲学を学んだ。母校で道徳哲学の教授になる。新島が最も影響を受けた恩師であり、新島は終生、全幅の信頼と敬愛の念を持ち続けた。後にアーモスト大学学長、連邦議会議員を務める。

W・S・クラーク（一八二六〜一八八六）
新島襄のアーモスト大学留学時代の恩師。札幌農学校（現北海道大学）初代教頭（実質上の校長）として来日。専門の植物学だけでなく自然科学一般を英語で教えた。キリスト教についても講じ、学生たちは「イエスを信じる者の誓約」に則り、次々と洗礼を受けた。学生たちへの言葉、〝Boys Be Ambitious〟（青年よ、大志をいだけ）は有名。

L・L・ジェーンズ（一八三八〜一九〇九）
アメリカ・オハイオ州ニュー・フィラデルフィアに生まれる。一八五六年にウエスト・ポイント陸軍士官学校に入学し、卒業と同時に南北戦争に北軍士官として従軍する。一八七一（明治四）年、三四歳で熊本洋学校の教師として教壇に立つ。キリスト教と自由・自主独立の気風や男女平等思想を教え、教え子三五人が奉教趣旨書に署名誓約した。その後、廃校になり、学生たちは同志社に転校した。

民主主義の原点としての社会的平等思想

ピューリタニズムと民主主義に共通するものは、権威主義、社会的な不平等に対する批判と抵抗の精神である。人格の尊厳、良心、平等、自由、自立、自治の精神である。それは観念的なものではなく、実践的な行動を伴ったものである。

新島襄はアメリカで勉学中、そして岩倉使節団で欧米の教育事情を視察の際、パプテスト、メソジスト、長老派のプロテスタントの教会に限らず、モルモン教、ユダヤ教さらにカトリック教会に出向き、研究し、自ら理解に努め、その結果コングリゲーショナリズムの会衆派教会こそが最も自分にとってふさわしい教会であると確信する。学校法人同志社の理事長・野本真也は神学部教授時代に、その事実を調査し、さらに新島襄晩年の言葉「自分の生涯の目的は自由教育、自治教会、両者並行、国家万歳である」を挙げ、これはコングリゲーショナリズムのスピリットからほとばしり出た言葉であり、同志社スピリットの源泉をさぐっていけば、コングリゲーショナリズムのスピリットにたどり着くと言っている。したがって、新島の理想とした人間教育は、キリスト教とデモクラシーを基本とし、知育を重視しながらも、知育に偏することなく、知育を正しく運用することができる品性の陶冶に重点を置き、それをキリスト教とコングリゲーショナリズムに求めたわけである。新島から洗礼を受け、終生、新島を師として信奉した**安部磯雄**は、その著書『社会主義者となるまで』の中で、「新島先生の生涯は全く平民主義で一貫して居るといふても過言ではあるまい。若し先生に最も嫌いのものがあつたとすれば、それは貴族主義と官僚主義であつた」と明言している。

このように新島の非権力に徹した平等主義は、安部磯雄らの社会主義者にも大きな影響を与えたことは間違いない。安部磯雄の指導と影響を受け、戦後初めての社会党内閣を組織した**片山哲**総理大臣もまた、間接的に新島襄の影響を受けているといってよいだろう。片山哲の『安部磯雄伝』には「新島襄の略歴メモが、一生のあいだに何度も何度も彼の手帳の中に散見されることは、その想像が単なる私一人の勝手の空想でないことを、つよく裏付けてくれるようである。それにしてもその師と別れてから半世紀になんなんとして、これは何とも信じがたいようなふしぎのことではなかろうか？　斯くまで弟子に思慕される師も師だが、それにもましてこんなにまで、亡師を思慕してやむことのない安部磯雄たる人物に、私はふしぎの感動をおぼえて「新島襄九〇歳」その一行が、眼底の曇りの中にかすんでゆくのをどうすることもできなかった。安部磯雄とは、そのような人であった」と新島の影響を強く受けた安部磯雄の心情を語っている。

安部磯雄　（一八六五～一九四九）
福岡生まれ。一八八〇（明治一三）年同志社卒業。ハートフォード神学校（アメリカ）からベルリン大学に学ぶ。一八九五（明治二八）年帰国後、同志社教授を経て東京専門学校（早稲田）の教授となる。明治三二年野球部を創設した。キリスト教的社会主義者で、明治三四年幸徳秋水らと社会民主党を結成。昭和二一年日本学生野球協会初代会長就任。戦後の片山哲内閣の生みの親。

片山 哲（一八八七～一九七八）
和歌山県に生まれる。社会民主主義右派の政治家、東京帝国大学独法科を卒業し、弁護士となる。第二次世界大戦後、日本社会党結成の中心となり、書記長に就任。第四六代内閣総理大臣に就任。クリスチャンであり、日本においてキリスト教的人権思想と社会主義を実践した代表的な人物の一人である。

第二章　高等教育はどのように始まったか

欧米の教育制度をモデルにした教育改革

明治維新初期の混沌とした政治、社会環境の中で、政府指導者でも、あるものは西欧諸国に負けない軍事力をめざし、またあるものは物質文明・近代技術の輸入に力をいれた。

そして、政治、経済、国民生活の各方面にわたる革新とともに、教育についても一大改革が行われた。一八七一（明治四）年七月、廃藩置県が行われ、その後新政府は初めて全国に統一した行政を実施できる体制となり、これに伴って全国の教育行政を総括する機関として文部省が設置された。文部省の設置とともに、江藤新平が最初の文部大輔に任命され、教育行政を総括する地位についた。当初の文部省には、卿・大輔・少輔・大丞・少丞等の官を設け、同年七月二十八日、**大木喬任**が文部卿に任ぜられた。文部卿はのちの文部大臣に当たる。国家が進んで全国に学校を設置して、全国民の教育を行う方策を立て、これを実施することとなったのである。

文部省の設置、学制の発布以前における教育は、明治三年二月に定められた大学規則・中小学規則の制度により、大学・中学・小学の系統と府県施政順序による小学校との二つに分かれた方策によって取り扱われていたが、明治五年の学制改革でこれを統合して一つの学校体制とし、四民平等にすべての者に一様な学校を開設する方策が明確に採用される。

近代教育制度を制定するための準備として重要な意味を持っていたものは、欧米の教育制度の研究であった。明治維新後の文明開化の思潮とともに、福澤諭吉の『西洋事情』一八六六（慶応二）年などにも西洋の学校制度の要約が紹介されているが、欧米の教育制度の研究や紹介も早くから行われていた。明治四年七月に文部省が設置された頃には、内田正雄訳・開成学校出版の『和蘭学制』（明治二年）、小幡甚三郎訳・慶應義塾出版の『西洋学校軌範』（明治三年）などがあり、欧米の学校制度を紹介した書として著名である。

文部省はまず、欧米の教育制度に関する文献を収集し始め、たとえば東京大学所蔵文書『明治四年文部省並諸向往復』中に仏書ドロワ・アド・ミニストラチーフ中教育之部翻訳について交渉をした文書がある。それによってすでにその書の翻訳を決定する。このほか、ドイツ（プロイセン）の学校制度と関連して、東校の医学教師ホフマン（Theodor E. Hoffmann）の学校建議などもあり、欧米の教育制度を模範とする学制起草の準備が次第に整えられていった。

このように、明治維新後は早くから欧米の教育制度がわが国に紹介されていて、学制起草に際しても調査研究がなされたが、明治六年四月、文部卿大木喬任が参議に転じて後、実際の教育改革に着手したのは、岩倉使節団での実態調査を終えて田中不二麿文部理事官が帰国してからであった。田中は海外の教育制度と行政とを実地に当たって研究した省内の唯一の人物であるからである。

また田中は学制の実施に当たり岩倉使節団に同行して「理事功程」を実質上作成した新島襄に、文部省に奉職するよう再三、強く勧めるが、新島は私学・同志社の創立に全能力を投入中であり、もともと官吏ぎらいの新島は応じなかった。

そのため、田中は新島への説得を断念し、代わりに、文部省顧問としてアメリカからダビッド・モルレー（David Murray）を招いた。彼の協力と指導のもとに学制の細部規則等を定め、具体的施策を各府県に対して教育、指導し、ようやく学制が実施に移された。

大木喬任（一八三二〜一八九九）
佐賀県生まれ。藩校弘道館に学び、維新期、新政府に出仕し、参与、軍務官判事、東京府知事などを務める。一八七一（明治四）年、文部卿となり、学制を制定。明治一三年、元老院議長となる。また民法編纂総裁として法典編纂に関わる。明治二二年に枢密院議長、司法相、文相を歴任した。

明治初期の学制と高等教育

明治維新後、明治新政府は旧幕府直轄の昌平坂学問所（昌平黌）および開成所・医学所を復興し、まず和漢両学を中心に、これに西洋近代実学を加えた高等教育機関の設置が計画された。それとは別に、学制発布の二年前一八七〇（明治三）年二月にはヨーロッパの大学を範とする大学の創建が企画されたが、この構想は、大学本校内部での和漢両学派の対立、さらに和漢両学派と洋学派の対立のため頓挫《とんざ》した。

すでに東京では、開成所・医学所の後身である南校・東校が文部省直轄の高等教育機関として存在し、将来、高度の専門教育機関となるべく整備される途上にあった。

一方、この時期に東京をはじめ各地に明治政府直轄の長崎医学校や私学では慶應義塾が存在したが、明治五年に学制が発布され、翌六年には学制二編の追加発布があった。

「学制」では、大学は高尚な諸学を授ける専門科の学校とし、その学科を理学・化学・法学・医学・数理学とした。大学卒業者には学士の称号を与えることも定められた。

明治六年四月には、大学のほか専門学校を設立し、法学校・医学校・理学校・諸芸学校・鉱山学校・工業学校・農業学校・商業学校・獣医学校等とし、それらの専門学校においてその学科を卒業した者にも大学卒業者と同じく学士の称号を与えられた。

外国語学校は外国語学に熟達するのを目的とし、専門学校に進学する者、あるいは通弁（通訳）を学ぼうとする者を入学させた。

学制発布後、明治七年五月には南校は東京開成学校と改称、また医学校である東校も東京医学校と改称され、専門学科を充実させた。東京開成学校には法学・理学・工業学・諸芸学・鉱山学の五学科を置き、さらに工業関係の基礎教育と実習のため、製作学教場という速成教育機関（東京工業大学の源流に当たる）が設けられた。東京医学校は、ドイツ語による西洋医学の教育機関で、当時としては最も整備された医学専門教育機関であった。このほか製薬学科や、速成教育機関である通学生教場なども置かれた。

次に外国語学校であるが、明治初期には、高等教育、特に高等な専門教育を学ぶためには外国語の知識は必要不可欠であったから、学制発布のころまで南校や東校の学科課程はほとんど英・独・仏などの語学が中心であり、特に重視されていたのは英語であった。政府は、学制発布後、南校・東校を専門教育機関として充実させる一方、全国各大学区に官立英語学校を設置する方針をとった。

明治六年一一月、官立東京外国語学校が設置された。同年一二月、東京外国語学校から英語科を分離して東京英語学校とし、明治九年ごろには卒業生を開成学校へ送り出すようになり、東京大学とその予備門が設置されるまで重要な役割を果たした。

学制における高等専門教育は、文部省所管の諸学校でだけ行われたわけではない。一八七五（明治八）年に森有礼、富田鉄之助によって発議された商法講習所（一橋大学の源流）は私立でスタートしたが、後に公立の実学高等教育に移行した。農業関係では明治五年四月に開拓使が東京に設けた開拓使仮学校がある。北海道の開発が進んだのに伴って明治八年に札幌に移転し、明治九年から札幌農学校と改称された。同年アメリカから招聘されたW・S・クラークの指導のもとに、アメリカ式の大農経営の理論と実際を教育する専門教育機関となり、予備科三年本科四年で化学・数学・物理学など幅広い自然科学の基礎が教授された。

このほか東京には農商務省所管の駒場農学校や東京山林学校などが置かれ、法学部門では明法寮に起源を持つ司法省の法学校があり、国内諸法の立法事業を兼ねてフランス法を中心とする高い程度の法学教育を行っていた。

司法省の法学校も明治一八年、東京大学法学部に合併され、また東京山林学校と駒場農学校は東京農林学校として合併されたのち、明治二三年帝国大学農科大学となった。

札幌農学校も明治二八年四月に文部省へ移管され、のちの北海道帝国大学の母体となるなど、後年いずれも文部省の所管に属するようになるが、学制発布後明治一〇年代を通じて重要な専門教育機関としての役割を果たした。

自然科学系の教育の最も有力な機関として、明治四年八月設立の工部省の工学寮に起源を持つ工部大学校がある。イギリスから招聘された技師たちの指導のもとに、理論研究と実地修練を組み合わせた高度な工学教育が世界に先駆けて行われた。これは、わが国が明治維新以降、欧米の工業先進国を手本に近代化を国策として推進した時代がちょうど欧米において工学が学問として生まれた草創期に遭遇したためである。わが国が近代化へと踏み出した時期と近代技術が工学として確立される時期とが一致したのはラッキーであった。

学問として電気の研究開発の黎明期に明治新政府は、日本人の技術者を早期に養成して西洋諸国に追いつくために、一八七三（明治六）年、工部省の中に工学校を設置し、官費で、自然科学と日本伝統の職人芸を結びつけるため、イギリスのグラスゴー大学に教師の派遣を依頼したところ、当時二五歳の新進気鋭の**ヘンリー・ダイヤー**が来日した。初めからダイヤーの斬新な発想、先進的構想のもとで高等教育機関・大学で技術者教育を企画、実施した結果、日本の産業技術の近代化は、驚異的なスピードで推進された。

ダイヤーは一八七三（明治六）年六月に八人の仲間と共に来日、二カ月後の同年八月、工学校が正式に開校した。明治一〇年一月には、工部大学校の機構を改革して、予科課程二年、専門課程二年それに実地課程が加わり、計六カ年の教育内容となった。工部大学校の学科編成は、初め土木・機械・通信・造家（建築）・実地化学（応用化学）・鉱山・冶金の七学科で構成されたが、明治一五年には造船学科が増加され、通信学科は明治一七年に電気学科と改名された。そしてそれらは、校長ダイヤーの基本構想を基にして、近年に至るまで日本における工学系大学教育の基本的学科編成として、受け継がれてきた。

工部大学校は明治一九年、東京大学の工芸学部と合併して、帝国大学工科大学の母体となる。ダイヤーの滞日期間は足掛け一〇年にわたったが、ダイヤーは日本の工学教育の生みの親と呼ぶべき人物であった。その功績によって、イギリスへ帰国して二〇年後の、一九〇二（明治三五）年に東京帝国大学は、第一号名誉教師の称号を贈って、彼の功労を顕彰している。

ヘンリー・ダイヤー　（一八四八～一九一八）

英国グラスゴー出身のヘンリー・ダイヤーは、一八七三（明治六）年六月、二五歳の若さで工部大学校の都検（教頭）に赴任した。土木、機械、造家、電信、化学、冶金、鉱山の七工学科目の理論教育と総合的な工科大学構想を立案。その仕事は教育プログラムの策定、諸々の教育制度の確立、さらには工部大学校の虎ノ門校舎の建設まで多岐にわたった。

商法講習所の設立

富田鉄之助は、森有礼、福澤諭吉、新島襄と親しい間柄だった。ニューヨーク副領事の立場にあった時、一八七四（明治七）年に一時帰国し、同じ仙台藩出身の留守居役であった大童信太郎の紹介で福澤諭吉と知り合ったようで、福澤の媒酌で杉田縫（杉田玄白の曾孫）と結婚した。その時富田は男女平等を基本にして、日本で最初の夫婦契約書を取り交わした。その契約書の証人に森有礼がなっている。

さて、商法講習所の設立は、富田鉄之助がニューヨーク副領事であった、明治七年の一一月に、日本に商業教育を徹底させるために学校をつくりたいということを、森有礼と一緒に福澤諭吉に相談を持ちかけ、商法講習所を設立の趣旨書を書いてくれるよう依頼したのがきっかけである。福澤が書いた設立趣旨書「商学校ヲ建ルノ主意」は次の通りである。

「商法講習所設立趣旨書」の中の一番大切な点を、「日本の文明未だ進まずして、何事も手後れと為りたる世の中なれば、独り商法の拙なるを咎むるの理なし。何事も俄に上達すべきに非ず。唯怠らずして勉強すべきのみ。維新以来、百事皆進歩改正を勉め、文学を講ずるものあり、芸術を学ぶものあり、兵制をも改革し、工業をも興し、頗る見るべきもの多しと雖も、今日に至るまで全日本国中に一所の商業学校なきは何ぞや。国の一大欠点と云ふべし。凡そ西洋諸国、商人あれば必亦商学校あり。尚我武家の世に、武士あれば必ず亦剣術の道場あるが如し。剣を以て戦ふの時代には、剣術を学ばざれは戦場に向ふべからず。商売を以て戦ふの世には、商法を研究せざれは、外国人に敵対すべからず。筍も商人として内外の別を知り、全国の商戦に眼を着くるものは、勉むる所なかるべからず。米国の商法学士ホイットニー氏、積年日本に来りて商法を教へんとするの志あり。森有礼、富田鉄之助両氏の知る人なり。東京其他の富商買（お金持）、各其分を尽して資金を出すの志あらは、両氏も亦周旋して其志を助け成すべし。森、富田両君の需に応じて、福澤諭吉書記す明治七年十一月一日」（国立公文書館所蔵）。

この趣旨書にも明記されているように、富田鉄之助と森有礼によって一橋大学の創設は発起せられたわけである。政府には資金的余裕がなく、民間の資金で学校を創ることになる。富田はホイットニーの面倒を福澤に依頼してアメリカに帰任する。

こうして、商法講習所は、一八七五（明治八）年、森有礼が中心になり銀座尾張町に創設された。当時の英米の商業を範として、商学はもちろんのこと、経済学、法学、社会学など社会科学全般の総合をめざした高等教育機関となった。

このように商法講習所の創設には、福澤諭吉と富田鉄之助が深く携わって、森に助力してできたわけである。設立当初はお雇い外国人教師ウィリアム・コグスウェル・ホイットニーにより、英語の教本を用いて、英語で授業が行われた。記録に残る最初の修業年限は一年半（一八ヵ月）で、入学後の六ヵ月間は英語の教育に充当されていた。修業年限はその後 二年（明治九年一〇月以降）、五年（明治一四年四月以降）と延長され、教育令のもとでの商業専門学校となった。後発の商業教育機関が日本式の教育を行うようになってからも、洋式教育を続けた（五年制になってからは、最初の三年間で内国商業科目と英語とを教え、残り二年間で英語により外国商業を教えた）。英語のほかには、模擬商業実践が特徴的であった。これは校内に模擬店舗・銀行・郵便局などを設け、模擬貨幣を使用して商取引の実演を行う授業であり、後発の商業諸校もこれに倣った。

校舎は当初、銀座尾張町（現・東京都中央区銀座六丁目）にあった鯛味噌屋の二階を使用したが、明治九年八月、新築の銀座木挽町校舎に移転した。この校舎は後身の東京商業学校に引き継がれ、神田一ツ橋に移転する明治一八年九月まで使用された。

その後、財政難から渋沢栄一が支援に乗り出すなど幾多の苦難を経て、大正九年に東京商科大学に昇格した。戦後、昭和二四年に現在の一橋大学となった。

なお、商法講習所の設立のきっかけをつくった富田鉄之助は明治一四年にイギリスから帰国すると、世界経済に関する知識を買われ、外交官から転進して大蔵省に移り、翌年日本銀行が創設されると初代副総裁に任命され、明治二一年には第二代日本銀行総裁に就任した。在任中には、公定歩合制度の確立や外国為替の整備など、日本銀行の中央銀行としての基礎づくりに貢献した。

また、富田鉄之助は新島襄とはアメリカ駐在時代からの親しい間柄であると共に、仙台にキリスト教主義の英学校を創りたいという気持ちで一致し、明治一九年には東華学校が設立され、新島が校長になったが、設立までの労は富田がとった。実質上、京都の同志社の分校であったが、残念ながら新島逝去後、新設の宮城県尋常中学校に継承された。

その後、富田は国会開設と共に、貴族院の勅撰議員に選ばれ、翌年には東京府知事に任命された。一方で教育にかける情熱は続き、私財を投じて共立女子職業専門学校（現・共立女子大学）の設立への支援を惜しまなかった。さらに大槻文彦らと共に旧仙台藩出身者の学資支援などを行ったという。

富田鉄之助（一八三五〜一九一六）
幕末の仙台藩士・明治期の外交官・実業家。日本銀行初代副総裁・第二代総裁を務めるが、大蔵大臣松方正義と対立して罷免された。後に貴族院議員・東京府知事を歴任する。一八九三（明治二六）年府知事を退官後は、実業家として活躍し、日本勧業銀行・富士紡績などの設立に参加した。

札幌農学校の設立

一八六九（明治二）年の開拓使設置以後、留学生派遣と並行するかたちで、北海道開拓に必要な人物を養成する目的から、札幌農学校は一八七二（明治五）年、開拓使仮学校として東京芝増上寺内に設立された。明治八年七月に札幌学校と改称、同年八月に札幌に移り、翌年八月に札幌農学校と改称された。

農学校という名称であるが、農学のほかに地質学・測量学・土木工学など、北海道の開拓を進める上で必要とされる分野の講義も行われた。また、英語や心理学なども開講され、開設当初から幅広い知見を持つ人材の育成をめざしていた。当時、学制期の高等教育には、文部省所轄ではない工部大学校などの専門高等教育機関があった。

一八七六（明治九）年、当時マサチューセッツ州立農科大学の学長であったW・S・クラークが一年間の期限つきで教頭に就任し、W・ホイーラー、D・ペンハローと共に来日した。札幌学校の生徒が専門科へ進学するための試験がクラークらによって行われ、一三名が合格、東京英語学校（東京大学予備門の前身）または東京開成学校（東京大学の前身）からの一一名と合流し、合計二十四名が札幌農学校の一期生となった。ただし、語学力、学力不足や病気などのため退学者が続出し、

第一学年の課程を修了した者は全部で一六名であった。明治九年九月に定められた「札幌農学校諸規則」によると、入学資格は、一六歳以上で「体質健康行状端正なる者」、入学試験の科目は和英国語・算術・地理書・歴史とされていた。また修業年限は四年で、卒業後五年間は開拓使に勤務しなければならないという義務がついていた。定員は一年生から四年生まで合わせて五〇名であった。

札幌農学校のカリキュラムはマサチューセッツ農科大学と同じ理念で作られ、当時の自然科学系の他の高等教育機関（駒場農学校（東京大学農学部の前身）や工部大学校（東京大学工学部の前身））と異なり、人文社会科学系の科目が少なく、英語の比重が大きく、かつその中に弁論・討論関係の科目が含まれていた。もちろんクラーク、ホイーラー、ベンハローの講義はすべて英語で行われた。兵学が取り入れられていたのも特徴の一つである。

札幌農学校は、札幌学校で使用していた校舎と寄宿舎を使用してスタートしたが、その後あいついで施設が建築され、実験器具や農場実習用具、教科書・参考書などもアメリカから購入された。農学校で使用する教科書や参考書類はすべて学校に用意され、生徒に貸与された。なお、今日の札幌市時計台は、農学校での兵学などの教場として建築された「演武場」のものである（一八七八（明治一一）年十月に落成）。マサチューセッツ農科大学のミリタリー・ホールを模して造られ、一階に「博物場」と講義室、二階に練兵場と武器室があった。屋上にアメリカのハワード社製の時計が取りつけられたのは、三年ほどあとの明治一四年七月のことである。

また、今日、北海道大学の農学部附属第二農場内に残っているモデルバーン（重要文化財）は、マサチューセッツ農科大学の畜舎にならって建築されており、日本最初の洋風畜舎である。クラークの札幌滞在はわずか一年足らずであったが、その間、学生たち全員が「イエスを信じる者の契約書」に署名するほど、キリスト教の影響を強く与えた（「札幌バンド」といわれた）。クラークと親交のある新島襄が積極的に関わり、大島正健ら教え子たちが創った教会が札幌統一教会である。

私立大学の源流・独立不羈の三人の校祖

次に私立の高等教育であるが、国の将来を担う人材の養成を、国だけに頼ってよいかという問題が知識人の間に存在した。なぜならば、国の権力を握る政府が薩長藩閥であり、国造りの途上にあるため、西洋文明の移植が最優先課題であり、知育と徳育を並行して教育するには問題があった。そこで、官立に対抗するように、学問の独立を唱える個性的な校祖により、福澤諭吉の慶應義塾、新島襄の同志社、大隈重信の東京専門学校などの有力な私学が産声をあげ、明治後期の専門学校や私立大学の源流となるわけである。これらの私立学校は、文部省では「専門学校」として位置づけられ、当時は次の四系統の私立学校が創設された。①慶應義塾に代表される学制前から存在していた英学の私立学校、②同志社に代表されるキリスト教主義の私立学校、③済生学舎（日本医科大学の前身）など学制後明治九年から一〇年代にかけて各地に設けられた私立医学校、④東京専門学校に代表される明治一〇年代以降隆盛となる政治法律など実務専門学校などである。

私立の高等教育で先陣を切ったのは慶應義塾である。明治維新当初は、幕府軍との戦闘が部分的に上野、会津などで残っていて、維新政府も学校どころでなく、唯一この時、平然と高等教育を実施していたのは慶應義塾だけだった。『福翁自伝』によると、書を読んでいるのは日本国中、ただ福澤の義塾ばかりで、開塾以来、日本の洋学のために慶應義塾は一日も休業したことはないとある。福澤自身が上野の官軍と徳川方の戦いの時も砲声を聞きながら英書での経済学の授業を止めなかったと言う。

前述したように、福澤と大隈とは政治や事業について相談し合う関係であった、大隈は慶應義塾の五〇周年に招かれて演説した折、二人の関係について「最初は軽蔑し、けんかをしたこともあったが、今は私的な家族同士の交流もあり、懇意にしている。お互い常識人で凡人主義。自分は政治の力で国を文明に導く。先生は教育者の立場から、着実で根深い功利主義を鼓吹して、一生懸命文明思想の注入につとめる。こうして交わっていくにつれ、先生の人格と学問の素養とに深く感銘を受けて、はじめは同輩のつもりであったが、ついには先生を先輩として尊敬するようになった」と言っている。同志社への支援といい、慶應義塾創立五〇周年の演説といい、大隈が若い頃、致遠館という塾を経営したことがある経験と無縁ではなさそうだ。

日本の近代教育への貢献、高等教育に与えた影響という点で、大隈を加えたこの三人の創立者（校祖）の果たした役割は大きかったのはいうまでもないが、詳細は後述する。

また、当時は産業振興、西洋文化の移植のニーズが高く、理工学関係の人材養成が課題であった。私立では、帝国大学の統合の四年後の明治二三年に早くも、同志社ハリス理化学校が開校したわけであるから、理工系の高等教育機関の先陣といえる。同志社より早く、明治一五年、東京専門学校に理学科が置かれるが、わずか二年半で廃止され、復活したのは明治四〇年になってからである。短命に終わった最大の理由は、それが専門学校令（一九一二〈明治四五〉年）や大学令（一九一八（大正七）年）による高等教育ではなかったからである、一方、同志社のようにキリスト教主義に基づく私学は、初めから官学と対等の条件を与えられていなかった。

このように、私立大学への期待は高まるばかりであったが、政権支配層の官尊民卑の風潮は根強く、真に力を発揮できるのは明治の後半に持ち越された。

ちなみに慶應義塾は大学部で先行したが、理工系学部は昭和に入ってからで、製紙王の藤原銀次郎が一九三九（昭和一四）年に創設した藤原工業大学を継承する形で、昭和一九年に同大学の工学部となった。

第三章　全体主義と政争に巻き込まれた三人の校祖

「明治一四年の政変」と帝国憲法の公布

日本を全体主義の国家にし、無謀な戦争へ向かわせたのは、帝政ドイツ・プロシア憲法を採用したからである。大隈や福澤が説いた専制君主の出現を許さない知恵を盛り込んだイギリス型の憲法が退けられた結果である。官僚に権力を持たせ、チェックすべき議会の機能が十分機能せず、一握りの権力者によって国全体が専制支配されてしまった。その意味で、一八八一（明治一四）年の「明治一四年の政変」は歴史的に大きな禍根を残したのである。

「明治一四年の政変」をめぐって、「大隈・福澤の政府転覆陰謀説」がある。すなわち、憲法制定や国会開設路線などの重要案件をめぐって、大隈重信と福澤諭吉が結託して政府の転覆の陰謀を謀っているとし、伊藤博文、井上馨ら薩長側が反抗し、大隈を参議の辞任に追い込んだ事件で、いわゆる「明治一四年の政変」といわれる。

この政変は単なる政権争いではなく、憲法問題に関わる事件である。それはわが国の国体論として、大隈重信が有栖川宮を通じて天皇にひそかに建議書（交詢社憲法草案を基に作成）を出し、イギリス流議会制の採択と、明治一六年初頭の憲法制定を説く、急進的なものであった。また、すでに顕在化しつつあった財政政策をめぐる対立が重なって、伊藤博文、井上馨と大隈重信の三参議が不和となり、次第に軋轢も高まりつつあった。さらに夏ごろから、「北海道開拓使官有物払下げ事件」（北海道事件）と呼ばれる官民癒着問題が発覚し、世間に広まった。明治二年以来、一五〇〇万円近く投資した事業を、わずか三〇万円で、しかも三〇年賦で、開拓使長官・**黒田清隆**、**五代友厚**、元山口県令・中野梧一が経営する関西貿易商会に払い下げるというもので、世論は反対し、藩閥政府打倒の声が高まった。そして払い下げ中止運動と国会開設要求が結びつけられて論じられた。この運動には福澤の甥・中上川彦次郎ら慶應出身者や大隈、福澤と親しい官僚も関与しており、大隈が福澤諭吉と共に黒幕で、三菱の岩崎彌太郎がスポンサーとして疑われた。

三菱の岩崎彌太郎は日本近海の海運業で独占的な地位を得るところまで成長し、三菱商会の半独占状態は明治一五年まで続いた。しかし、伊藤博文・井上馨と大隈重信・福澤諭吉との対立があり、そこへ大隈と岩崎彌太郎の資金的なつながりがうわさされた。大隈の弱体化を図るには三菱から攻めるが至当ということになり、まず政府は井上馨、品川彌二郎、益田孝ら三井勢力を中心に共同運輸会社を設立させ、三菱と競わせた。そして遂に、明治一八年、郵便汽船三菱会社と共同運輸会社は合併し、資本金一一〇〇万円の日本郵船となったのである。

そして、明治一四年一〇月、大隈は辞表提出を迫られて下野し、追放された。この追放の真相は憲法問題、長州の伊藤、井上の謀議といわれるが、実際には黒田ら薩摩出身参議が主導したようである。北海道事件が尾を引いたのである。

この結果、福澤は伊藤、井上の二人から依頼された政府公報「公布日誌」の発行が挫折して手痛い打撃を受けただけでなく、福澤が描いた英国流議院内閣制の導入、国会開設などの近代化構想も完全に葬り去られた。

この政変により、大隈、福澤の米・英憲法案は退けられ、岩倉具視意見書であるドイツ・プロシア憲法案が採用され、明治憲法の制定と国会の開設を一八九〇（明治二三）年とすることが公約とされた。このことは帝国憲法はドイツの君主主義理論の上に立ち、アメリカ、イギリスの民主主義の論理を退けたということである。

その後、伊藤博文はドイツ、オーストリアに憲法調査のため遊学し、帰国後、明治憲法原案を起草した。原案を審議するために「枢密院」（伊藤が議長）が創設され、説明と討議を経て可決成立したのが一八八九（明治二二）年一月三一日であった。そして二月一一日に「大日本帝国憲法」は公布された。これで戦後の民主主義の復活まで、国体をはじめ基本的人権が実質的に封じられたのである。

以上が、大隈と福澤の憲法意見が伊藤博文や、井上馨らに排斥され、帝国憲法が公布された経過であるが、岩倉具視憲法原案の背景になった一憲法学者・**井上毅**（後に法制局長官・文部大臣などを歴任）の役割は大きかったといえる。また、憲法に関する交詢社案が退けられただけでなく、新聞発行が何の説明もないまま立ち消えにされたことに対して福澤は、次のような厳しい糾弾の書簡を前後三回、伊藤と井上に送っている。

「昨日大隈参議は免職せられたり。大隈君と伊井二（伊藤と井上）君との間に、政治上の交際は破れたること明らかなり…至極迷惑なりと申すは当春来新聞発兌（だ）の事に付他人へは固より語られず…平常には無用なりと思ふ人員をも集め置きたるに、今日に至りては其人物の適する所を失ひ、甚だ困却いたす事に候…一月以来の伊井二君と主義を同じふするものなりとの事を御発明相成るべく、もしこの書を訝しと御認めならば、老生の弁護ももはやこれ切りにて、一月以来二君との御話も一場の夢に帰せんのみ」。「一月以来二君との御話」とは、議院内閣制導入で大隈も含めた四人が合意していたことをさしている。

このように、大隈と福澤の政治構想は否定されたが、共に立憲主義の国家構想を持ち、政党政治の実現に努め、共にそれを担うにふさわしい議会の開設を願ったわけであり、二人の落胆の大きさが推察される。

しかし「一場の夢」に終わった福澤は、それ以来、二度と政治に近づかず、政治家との交流も激減し、終生在野を貫くと共に、自らは慶應義塾の経営に重点を移すのである。

黒田清隆（一八四〇～一九〇〇）
鹿児島生まれ。政治家、元老。父は鹿児島藩士。薩長連合の成立に寄与。戊辰戦争では五稜郭の戦いを指揮。敵将榎本武揚の助命に奔走。維新後は開拓次官、のちに同長官として北海道経営に当たり、札幌農学校を設立。第一次伊藤内閣の農商務相を務めた後、第二代総理大臣になる。

五代友厚（一八三六～一八八五）
鹿児島県出身。一八五四（安政元）年長崎に遊学。上海、欧州にも渡航した。明治維新後、外国事務局判事、大阪府権判事などを歴任した後、明治二年、官を辞して民間へ。堂島米商会所、大阪株式取引所の設立に関与し、明治一一年、大阪商法会議所の初代会頭に就任した。

井上毅（一八四四～一八九五）
熊本県出身。官僚、政治家。一八七一（明治四）年司法省に出仕、明治五年渡欧。岩倉具視・伊藤博文らのスタッフとして、明治一四年、プロシア憲法に基づく憲法構想立案や国会開設の勅諭を起草。新設の参事院議官となり、帝国憲法の起草に当たった。明治二三年枢密顧問官となり、教育勅語を起草。明治二六年には、第二次伊藤博文内閣の文相に就任した。

「徴兵令」による学生減少に悩んだ新島襄

近代日本の政治・社会状況は、まことに疾風怒涛のごとき勢いで、明治維新によって国家統合に成功した薩長中心の支配層により、諸施策が次々に実行に移された。明治元年、五箇条の御誓文、江戸城開門とともに上野の戦争、明治三年には廃刀令、四年には岩倉使節団の派遣、版籍奉還、廃藩置県など国の社会改革、近代化路線が明確に打ち出された。そして政治的には中央政府直属の軍隊の創設が課題となった。明治五年、全国徴兵の詔が出され、続いて、翌年にはフランスの徴兵制にならった徴兵令を制定した。「全国ノ男児一七歳ヨリ四十歳迄ノ者、悉ク兵籍ニ載セ置」となったのである。ここに、国民皆兵の第一歩が印された。しかし、一方で、広汎な免役条項が定められた。つまり、官吏、官立学校生徒、戸主、代人料金納入者等の兵役免除規定がそれである。その後わが国の徴兵令は、数次の改正を経て、一七歳から二〇歳の壮丁男子に等しく兵役義務が課される、全国一律の国民皆兵制の原則が強化されることになる。

問題は「明治一四年の政変」後、明治一六年と明治二二年の両次の「徴兵令」の改正である。すなわち改正令の趣旨は、兵役年限を現役三年、予備四年、後備五年の計一二年に延長し、現役志願制を創設し、廃疾不具以外は免役制を猶予制に改め、代入料の廃止、官立、府県立学校卒業者の一年志願兵、六年以内の徴集猶予などを定めるものであった。要するに、徴兵の区域を広くし、全国の男子連帯の義務を実施しようとするものであった。

新島襄は、文部省に請願書を出すだけでなく、私学に対する特典を得るため、積極的に政府の要人や文部省などに働きかけた。その行動の背景には、改正徴兵令の実施に伴う同志社の経営上、深刻な危機に直面したことである。改正徴兵令が布告されて以来、兵役の猶予を求めて同志社を去る生徒が後を絶たず、イェール、オービリンなどアメリカの大学へ留学する者、東京大学へ入学する者が続出し、生徒数の減少が深刻になった。明治一六年度の男子生徒は、入学者五八人に対して退学者が六九人、卒業生八人となっていて、入学者よりも退学者の数の方が多い状況であった。新島自身、このままでは、到底「私塾保存の見込立たざる所より困却の至、私塾永続の策を立てて請願するのだ」と正直に述べている。新島の請願の要旨には、まず、政府に恩典を願うからには、同志社が官公立に準ずる「高等私立学校」として認定されなければならないとして、低姿勢な懇願の態度が一貫している。その中には新島の建学の理念である「自由・自治・自立」、「民間の力」の否定につながるような内容が含まれているので驚きを禁じ得ない。

政府に官吏の査察を請い、学校で用いる教科書の中身から授業の仕方までいちいち官吏の検閲を受け入れ、さらに修正指示にも忠実に従うといった表現である。そこには、事前に中村敬字を訪ねて、彼が文部卿に提出した書類の写しを借り出したり、東京専門学校（のちの早稲田大学）に出向いて、同校提出の上書を参考にしているので、官吏の検閲を請う条項や歩兵操練科の設置など、それは、新島の本心に基づく行為というよりむしろ、現実の厳しい政府関係者、特に九鬼隆一相手との交渉の中で、目標を達成する方便として考えられた戦術であったと思われる。

森とはアメリカ時代からの親交があるが、**九鬼隆一**を筆頭とする文部当局との交渉の様子は、新島全集などに資料として掲載されているが、新島は硬軟織り交ぜた交渉術で迫る役人の対応にほとほと手を焼くこともしばしばであったといわれる。たとえば、事態が一向に進展していないのは、同志社が教育機関ではなく、宗教教育の学校であるという難くせであることには失望している。

その後も文部省当局は、同志社は宗教学校か教育機関かの位置づけが不明とし、その「徴兵令」免除の特典を得られなかった。そこで、横井時雄社長になってから、同志社は神学校以外は、教育機関であることを明示するため同志社綱領の関係事項を削除し、併せて、「本社ノ綱領ハ不易ノ原則ニシテ決シテ動カス可ラズ」という条項（第6条）も削除して、このようやく特典を得た。これに対して、同志社内外から厳しい批判がわき起こり、米国のアルフレッド・E・バッグ公使や大隈首相も巻き込む大紛争に発展、アメリカン・ボードも訴訟の手続きに入り、外交問題にも発展する様相を見せた。結末は、社長と社員会が総辞職し、新社員会が綱領を復元したが、特典自体は国際世論も考慮されて奪われることはなかった。

九鬼隆一（一八五〇〜一九三一）
日本の文部官僚、文部少輔（現在の文部科学省事務次官）を務める。新島襄と「徴兵令」で対立した他、福澤門下でありながら福澤の文明開化主義にも反対したため、破門される。その後駐米大使、帝国博物館初代総長などを務めた。

文部省の九鬼隆一との確執

文部官僚、九鬼隆一（当時文部少輔、現在の文部科学次官）との交渉は、新島を非常に落胆させた。新島が改正徴兵令の件で九鬼と会ったのは、一八八四（明治一七）年二月二二日のことである。そのころ、三〇代前半で文部行政の中枢部にあった九鬼は、俗に「九鬼の文部省」といわれるほど事務方のトップとして実権を持った人物であった。新島の丁重な懇願に対し、一〇歳も年下の気鋭の九鬼から返ってきた言葉は「私塾の十に八、九は不完全なものであり、しかも官公立は政府の掌握内にあるけれど、私立は支配外にあれば、疎遠のもの故に特典を与ふることはできない」というそっけないものであった。

さらに、九鬼の発言には、明治一二年の「教学聖旨」や翌年の改正教育令の布告以降、文部省が推進してきた儒教主義に基づく「仁義忠孝の心」や忠君愛国観念の修身教育の遂行の行政責任者としての強烈な自負が鮮明に表れていた。新島のキリスト教主義を徳育の中心にすえる新島の自由自治的教育方針は西洋風偏重の異端であり、当然それは受け入れがたいとし、新島が懇々と説く器量ある人材の養成に必要な「智徳並行」の教育論など馬耳東風と聞き流されてしまう。そして、猶予の特典を懇願する新島に向かって、改正徴兵令の施行によって、同志社の生徒が他の学校へ行っても、彼らはすでに、今までそれだけの教育を受けたのであるから、同志社の目的は烏有《うゆう》に帰さない（すべてなくならない）ではないかと言い退けた。新島はそれを聞き、「何ぞ無神経なる答ぞや、此の面会は先づ無効と見倣さざるを得ず、嗚呼」と思わず天を仰いで嘆息した。

新島はその時のことを「真に教育を以自ら任ずるの人々乏きは甚遺憾の至」といい、その後に、同じ文部省の友人、田中不二麿を訪ねて、新島が言ったことは、「無精神、嗚呼、天下を患ふるの士にあらず、自家保存の策を為さるに似たり。御身が大切、天下はどうでもよい」と深い失望感を率直に表明している。

九鬼隆一とはどのような人物かであるが、実は、明治四年に慶應義塾に入学した福澤門下生である。彼は、一年二カ月ばかり在籍の後、設置間もない文部省に出仕し、学制開始を前に各地の実状調査に従事する一方、大学南校生徒寮長となり、同じ明治五年九月、大学東校事務主任となった。明治九年、文部省奏任官となり、大学東校の副校長（監事）に抜擢された。木戸孝允文相時代の明治一〇年には、フランスで開催された万国博覧会の審査官（総裁）として渡航し、欧州の現状をくまなく視察して帰国している。

明治一三年には、二八歳で文部少輔（現在の文部科学次官）に栄進し、前述したように文部行政への絶大な影響力から、世に「文部省の九鬼か、九鬼の文部省か」と言われる存在になる。

文部省に出仕した初めのうちは、福澤と親密な師弟の関係を結んでいたが、明治一三年の改正教育令のころから、儒教主義復活の反動的な教育方針への転換を機に九鬼と福澤の関係が次第に冷却状態に入っていった。

そして、両者の関係を決定的な破局へと導いたのは、「明治一四年の政変」の時、九鬼があたかも密偵のような動きをしたことである。当時、政府部内には、旧長州閥の伊藤博文、井上馨と国会即時開設を唱える大隈重信の対立があったのは周知の事実であるが、北海道開拓使官有物払下げ問題が起こるや、払下げの計画を民権派にリークした大隈の背後には民間の福澤があって、両者が結託して薩長派勢力を打倒する陰謀を企てたという風説が流された。

その際、「陰謀」説を薩長派に注進した張本人が九鬼隆一であると、今日多くの研究者が指摘している。福澤は、『時事新報』一八八二（明治一五）年三月六日号に「一種変則の諫言」という社説を掲げてこれを糾弾し、「君子に誣ゆるに小人を以てし、学者に附するに政客の名を以てし、尚その上に彼が文部に居る間にも、常に慶應義塾を敵視するのみか、罵詈雑言到らざるなく、尚甚だしきは学問云々に付直に老生の一身を攻撃して陰に陽に人に語る等、近くは国会開設の其当分に至るまでも然り」と語り、「斯かる煙しき男は老生の交るをいさぎよしとせざる所」と厳しい破門宣言をしている。

このように、福澤と新島はほぼ同じ時期に、政治と教育の問題で九鬼隆一と関わりを持ち、共に相手に対して不信感を持ち、似たような人物観を持ったことになる。このことは単に個人的な間の確執にとどまらず、もし「徴兵令」の問題でも二人が連合して当たったら解決の道があったのではないかと残念に思われる。

井上馨（一八三五～一九一五）
萩藩士。幕末国事多難な折、同志らと共に国事に奔走。伊藤博文らと共に英国に留学し、帰国後、明治維新の大業推進に貢献する。明治維新後は民部大輔、大蔵大輔となり廃藩置県を成し遂げ、一八八五（明治一八）年に内閣制度が成立すると、最初の外務大臣となり、その後、農商務、内務、大蔵大臣などを歴任。鹿鳴館を建設し、三井の大番頭ともいわれた。

福澤諭吉の「徴兵令」に対する対応

福澤諭吉も「徴兵令」は慶應義塾の存亡に関わるという危機感を持って積極的に見解を発表している。まず福澤は、新島が文部省との交渉で難渋していた同じころ、時事新報で「文部省直轄の学校をして独立せしめんことを祈る」（明治一六年一二月一四日）を論じ、小冊子『全国徴兵論』（明治一七年一月）をはじめ、「私立学校廃す可らず」（同二月八日）などの評論を時事新報に多数掲載している。その論旨を要約すると次のようになる。すなわち、官立府県立の学校の生徒に徴兵猶予の特典を与えて私立の学校にこれを認めないというのは、官私の別を問わずただ、学力の有無、水準によって資格を判断すべきことがらの本旨に反する措置であり、学問の実を重視せず、その名に拘泥する私学差別の政策に他ならないというものである。福澤の立論は次の論点から構成されている。第一は、教育令上、日本国内の学校はすべて「官私の別なく等しく文部卿の統理内に在る」ゆえ、政府は私立学校の内容を調べ、学力検査の結果、成業の見込みありと判定された生徒には官公立と同等に特典を与えるべきだと主張している。

徴兵制の意義を認める点では新島と何ら違いはない。「兵備の拡張瞬時も猶予」すべきでなく「苟も我日本国に男子たる者は護国の大義務あることを忘れず、奮て精神を此点に注ぎ、努めて万国対峙の力を尽さゞる可らず」と主張している。そして、旧令に比して改正令は、全国皆兵の趣旨より考えれば「頗る徴集の区域を広くして、随て（男子）平等連帯の主義も遠きに達したるもの」と賞賛した上で、特に憂慮する論点として、官私の学校の差別待遇に問題があると指摘している。すなわち、私立学校に徴集猶予の特例が実現しない場合、「苟も存立するものは唯旧寺子屋若しくは村夫子の家塾のみ」となり、「高尚の教育を司どる私立学校は、一掃して廃滅に属し、僅に小学の地位に下る可きや亦疑を容る可らず」と危機感を募らせている。

福澤の主張には、精神論だけではなく、彼の持論であり、慶應義塾の実学主義といった功利主義的考えが根底にある。この視点は、文部省直轄の学校を分離独立せしめて私立にすべきとも言っている。毎年国庫から補助金を支出するか、もしくはまとまった資本を与えてその利子で学校を経営するよう提言している（「文部省直轄の学校をして独立せしめんことを祈る」）。

また、国の管理統制から独立した学校経営をよりスムーズに行うために、文部省とは別個の組織、すなわち、純然たる専門の学者からなる「日本国学問の会議所」（「集会所」）をつくり、そこで学則綱領、教育方針等の学事を審議して全国の学校に指示するというう具体的なアイディアを出している。現在の国立大学を独立法人化するのに類似している。

要するに、福澤の改正徴兵令批判は、彼の学問論、とりわけ、学閥・教育と政治の世界の相互の独立を前提とする分権論や国と民間の分担論といった国政との関わりにおいて展開されている。

新島と福澤は、明治一〇年代から二〇年代にかけて、それぞれ学校経営と整備充実、そして大学昇格運動に多大の精力を傾けていた途次に、徴兵令改正問題に直面した。

同志社にくらべて、一日の長あり、経営基盤が確立している観のある慶應義塾でも、財政危機のために政府に多額の借入金を申し込んだり、一時は、福澤は廃塾を決意した書簡を浜野定四郎宛てに送るなど、苦心惨憺の時期があった。

大隈重信を福澤諭吉の門下が支える

新島襄らが苦労した一八八三（明治一六）年、徴兵令の改正により、私立学校は徴兵免除の特典がなくなるという処置は、「明治一四年の政変」がきっかけであり、大隈の東京専門学校をはじめとする私学全般の弱体化をねらった政権側の施策でもあった。

「明治一四年の政変」で、政権側は福澤諭吉と大隈重信を一連托生と見ていたのは事実である。その背景には、福澤が自らは官職を断り、慶應義塾で多数の優秀な人材を養成し、大隈のところへ送っていることである。

さて、福澤と大隈の二人が初めて出会ったのは明治四年の暮れか翌年の初めの頃である。そのころ、大隈は参議として薩長政権に参加して、政治家として本格的な活動に入り、福澤は「天は人の上に人を造らず、人の下に人を造らずと云えり」という言葉で始まる『学問のすゝめ』の起草に入った時期であった。大隈は福澤より四歳年下であるが、二人は、共に頭脳明晰な先覚者であり、明治維新の改革を担う高い識見を備えていた。

二人は以後、国政に関しても意気投合して、緊密に意見交換し、互いの主張を認め合う仲となったといわれている。このような二人の関係について「一度知り合ってからは、非常に懇意になつて先生が吾輩の処へ来ると、〔略〕酒が強く食事が長いから、且つ食ひ且つ話して、〔略〕殊に政治上の秘密談は此家の奥にある一室で、他人を入れないで、家内が酌をしながら話をするやうなことが多かつた」(『大隈侯昔日譚』)と大隈は述懐している。

大隈と福澤との関係は同じ東京が拠点であったこともあり、出会い以来、三五年間にわたる親密な関係が続いた。二人には、単に性格的な相性だけでなく、時勢の読みや日本改革の方法論や考え方にも共通点があった。

福澤が大隈のところへ送った人物で、著名なところでは、甥の**中上川彦次郎**や**矢野文雄**、**犬養毅**、**尾崎行雄**らである。尾崎と犬養は慶應義塾に入学したが、事情で慶應を中退し、新聞記者の仕事をしていた。福澤諭吉は、彼らの才能を評価し、参議兼大蔵卿の職にあった大隈重信に推挙した。大隈重信は彼ら福澤の門下生を譲り受け、大蔵省や設立したばかりの会計検査院に登用する。

議会政治と立憲主義の必要性を主張する大隈重信との出会いによって、当時はほとんど無名に近かったこれらの若い官吏は、次第に大隈のブレーン的存在に成長していった。「明治十四年の政変」では、大隈重信は、伊藤博文らによって政府から追放されたが、福澤の推挙で官僚入りしていた慶應出身の若手官僚である中上川彦次郎、矢野文雄、尾崎行雄、犬養毅らも一斉に罷免させられた。しかし、大隈重信が「立憲改進党」を結党したときは、小野梓と共に尾崎行雄、犬養毅らも馳せ参じ、議会政治と立憲主義を掲げた立憲改進党の党員になって共に歩みを始めた。

中上川彦次郎（一八五四〜一九〇一）
福澤諭吉の甥にあたり、一六歳で上京。慶應義塾大から英国へ留学する。このとき井上馨と知り合い、三井入りする。山陽鉄道会社の社長、三井銀行理事に就任し、三井財閥の基礎をつくった。三井では、工業化路線を積極的に推進し、紡績業から石炭までの大戦略を展開した。

矢野文雄（一八五〇〜一九三一）
大分県佐伯市出身。一八七三（明治六）年、慶應義塾を卒業し、慶應義塾大阪分校、同徳島分校の校長を務めた後、『郵便報知新聞』で、自由民権家として活躍。明治一一年、福澤諭吉の推薦で大蔵省に入省したが、「明治一四年の政変」で辞め、大隈と共に立憲改進党の結成に参加した。

犬養毅（一八五五〜一九三二）
岡山県出身。政党政治家。慶應義塾に入学、郵便報知新聞の記者として西南戦争に従軍。慶應義塾を中退後、立憲改進党創立に参画し、一八九〇（明治二三）年第一回総選挙以来一八回連続で衆議院議員に当選。第一次大隈内閣文相、第二次山本内閣逓相を務める。昭和四年、立憲政友会総裁。昭和六年内閣総理大臣に就任。翌年五・一五事件で暗殺される。

尾崎行雄（一八五八〜一九五四）
神奈川県出身の政治家。父は地方官。慶應義塾中退。その後、統計院の官僚になったが、「明治一四年の政変」

で退官し、立憲改進党結成に参画。一八九〇（明治二三）年第一回総選挙から、衆議院議員に連続二五回当選。その間に文相、東京市長、司法相などを歴任。文相、法相など歴任。「憲政の神様」「議会政治の父」と呼ばれた。

福澤の交詢社と大隈の政治活動との関係

福澤門下で大隈重信の大蔵省へ入省した人物の中に矢野文雄がいる。彼は、福澤に近いジャーナリストというイメージが強かったため官僚としては目立った存在ではなかったが、大隈と矢野は国会早期開設を請う議奏書を共同で作成したり、後に大隈に請われて駐清特命全権公使になるなど二人の信頼関係は強く、大隈の最も重要なブレーンとなった。

「明治一四年の政変」で、矢野は再び**郵便報知新聞**(1)に戻り、翌年には社長となり、明治一五年の立憲改進党の結成に参加して、同紙をその機関紙とした。

それに先立ち、矢野は明治一二年には福澤の交詢社の設立に参加し、**小幡篤次郎**、中上川彦二郎、馬場辰猪らと有名な『私擬《しぎ》憲法』、いわゆる交詢社憲法草案を起草した。翌一四年三月、参議大隈重信が提出した国会早期開設を請う議奏書は、全文矢野の執筆になるものといわれている。矢野の憲政思想は、イギリス流議院内閣制による立憲君主制と市民的自由と人民の気風の近代化を重視するという福澤諭吉の考えに沿うものであった。このように交詢社と矢野は大隈重信の政策スタッフとしての役割を担ったのである。

交詢社は「知識ヲ交換シ世務ヲ諮詢スル(2)」ことを目的として結成された日本最初の社交クラブである。主に慶應義塾出身者の官吏・知識人・実業家・地方地主ら、創立の当初から一七〇〇余名の会員を擁し、これらは慶應義塾の卒業生に限らず、広く世間一般にその加入を勧誘した。

福澤諭吉の大きな視野を感じるのは慶應義塾の教育の目的は、実学教育であるから、実社会に出て実技をみがき、社会の先導者となるべき人物の育成を考えたことである。したがって慶應義塾を卒業した後の若者がどのように成長していくか、非常な関心を持ち、単に本を読むのではなく人と接して談笑する間に、互いに知識を交換し合う社会教育の場が重要と考えたわけである。交詢社の存在意義はそこにある。

交詢社の活動として『交詢雑誌』が発行された。当初、政治的にはイギリス流の立憲君主制を理想とし、中産階級を基盤として自由党系と対立した。雑誌四五号に前述の「交詢社憲法案（私擬憲法）」を発表し、大隈重信の応援色が強まり、世間からも注目された。「明治一四年の政変」後は、官吏の多くが退社し、実業家が中心となった。

なお、矢野文雄は明治二二年に発布された大日本帝国憲法には失望し、一時帰郷して、共和制を題材にした『浮城物語』を世に問うたこともある。

そんな折、外務大臣に復帰した大隈重信に請われて明治三〇年に清国駐在特命全権公使となった。

日清戦争後のいわゆる列強の中国分割に加わって、福建省を日本の勢力範囲とする外交交渉がその任であった。翌三一年、李鴻章との交渉は妥結し、「福建省の不割譲に関する日清交換公文」が交わされている。

注

（1）矢野文雄、犬養毅、尾崎行雄らを擁し明治の代表的新聞といわれた。報知新聞と改題後は案内広告の創始、三色刷り写真版の採用、朝夕刊の発行などに先鞭をつけ、明治、大正、昭和を通じ立憲改進党の有力紙として東京の新聞界に君臨した。

（2）「諮詢」とは「上の者が下の者に意見を求めること」を言う。

小幡篤次郎（一八四二～一九〇五）

中津藩士小幡篤蔵の次男として中津殿町に生まれる。元治元（一八六四）年、福澤諭吉に誘われ慶應義塾に入塾。一八七一（明治四）年、福澤諭吉との共著『学問のすゝめ』発行する。一八九〇（明治二三）年、慶應義塾の大学部設置に当たって塾長の任につくとともに、同年貴族院議員にも選出される。

「明治一四年の政変」に続く政府の干渉

大隈は創立者でありながら、一八八二（明治一五）年一〇月二一日の東京専門学校の開校式には出席できなかった。病気ならともかく、創立者が欠席する開校式など考えられないが、それほど当時は「明治一四年の政変」が尾を引いていたのである。下野した後も政界は緊張し、大隈だけでなく、東京専門学校も政府の監視下にあった。

東京専門学校が設立された時、政府はこの学校を「明治一四年の政変」で下野した大隈の私学校と見ていたために、ここが反政府勢力の拠点となり得ると考えていたからである。そこで学校の設立準備中から、小野梓らの動きは早くも政府の監視するところとなり、密偵につけねらわれた。参議の伊藤博文や山県有朋のところへは、すでに創立前から早稲田の学校において遊説派出の人物を養成しようとしていると、大隈の動向が逐一、情報として入っていた。加えて、創立に尽力した高田早苗・天野為之ら教員の大半が、この年七月に東京大学を卒業しながら官途につくことを嫌い、東大など官員養成機関をないがしろにしたことに対する反発も影響した。

前述した新島襄らが苦労した明治一六年、徴兵令の改正により、私立学校には徴兵免除の特典がなくなるという処置も、大隈の東京専門学校の弱体化をねらった政府の施策と思われる。このような政府の干渉によって学校の資金繰りも大変で、大半は大隈自身が負担するところとなり、自宅も雉子橋の本邸から校地のある早稲田に移した。人件費その他の経費を毎月二〇〇〇円学校へ拠出しなければならなかった。政府の干渉で銀行融資も止められたため、横浜の実業家・**平沼専蔵**から一三万円借り入れた。無担保同様の融資であり、後に平沼は大隈支援のため、貸金の全額を学校へ寄付した。大隈は平沼を早稲田の大恩人であったといい、寄付者第一号として永遠に名を残すことにした。

さらに、当局は東大教授や判事、検事の私立大学への出講を禁じたため、教授、講師陣まで影響を受けることとなり、学校存続の危機を迎えたが、前述したように同志社の新島襄の弟子たちが早稲田の教壇に立ち、急場をしのぐと共に、その後の発展に大きく寄与することになる。

平沼　専蔵（一八三六〜一九一三）
実業家。飯能町（現飯能市）に生まれ、一八五九（安政六）年江戸に出て、千住の材木商から横浜の石炭商に移り支配人となった。元治元年に独立して、平専石灰店を開業し、後に横浜で貿易商として成功した。明治二〇年平沼銀行（現横浜銀行）や同四四年池袋・飯能を結ぶ武蔵野鉄道（現西武鉄道）を設立した。早稲田大学への寄付者第一号。

第四章　福澤諭吉の慶應義塾と実学教育

福澤諭吉の思想底流と慶應義塾の創立

慶應義塾は、創立者福澤諭吉が遺した「一身独立して一国独立す」という思想が脈々と波打っていて、「一身独立」「独立自尊」が義塾の理念になっている。

「天は人の上に人を造らず、人の下に人を造らず」の言葉で知られ、福澤諭吉は、一八三五（天保五）年、まだ開国前の大阪の中津藩蔵屋敷（現在の福島区福島一丁目）に生まれた。当時、豊前中津藩大坂蔵屋敷の長屋があり、父・百助はこの蔵屋敷に勤める十三石二人扶持の中津藩士であった。武士とはいえ家格が低かったため、幼少時から周囲の無意味な身分差別にさらされていた。一歳六カ月のときに父と死別し、母子六人で中津に帰郷した。貧しいながらも信念を持った少年時代を過ごし、一四歳になって儒学者・白石照山の私塾に入門し、福澤はその頭角を現す。しかし当時は、世襲による門閥制度が依然強く、成績が優秀で豊かな才能を持っていても、身分が低い者は家格の高い者を超えることはできないという不平等に、福澤は激しい憤りを感じていた。もとより独立心旺盛な気性の福澤にとって、こうした背景は門閥制度に対する強い反発心を持たせる要因となった。またそれが既成の慣習や虚礼にとらわれることのない先進の気風を育む土壌となったとも考えられる。

慶應義塾の起源は、一八五八（安政五）年の冬、福澤諭吉が中津藩奥平家の中屋敷内に開いた蘭学塾に由来し、場所は今の聖路加国際病院のあるあたりで、江戸の築地鉄砲洲にあった。現在の東京都中央区明石町の一部で、そこには一九五八（昭和三三）年四月二三日、義塾創立一〇〇年記念事業の一つとして、「慶應義塾発祥の地記念碑」が建てられた。

福澤は一八五四（安政元）年、一九歳の時、長崎へ留学して蘭学を修め、翌年帰阪して**緒方洪庵**の適塾で学ぶ。適塾では猛勉強に励み、二二歳で塾頭になった。その後、江戸へ上り、築地鉄砲洲に蘭学塾を開く。これが後の慶應義塾の始まりとなる。また同時に英学の研究を独学で開始する。

一八六〇（万延元）年、福澤は幕府の遣米使節に軍艦奉行・木村摂津守の下僕として「咸臨丸」に乗り込んでアメリカに渡り、見聞を広める機会に恵まれる。その時正使として、ポーハタン号に乗ったのが小栗上野介、通訳はジョン（中濱）万次郎であった。

そして西洋文化、知識と語学力を蓄えた福澤は、その翌年の一八六一（文久元年）、遣欧使節の派遣の際には翻訳方として随行する。ヨーロッパ諸国も歴訪し、フランスでは第四回万国博覧会を訪れ、議会や郵便制度、銀行、病院、学校など旺盛な好奇心で視察した。帰国後の一八六八（慶応四）年、塾を鉄砲州から新銭座に移し、英学に徹した教育に当たった。

明治維新後は、新政府からの数多くの招きを断り、塾名も西洋の共立学校（パブリック・スクール）にならって慶應義塾と正式に名乗り、専ら洋学教育と西洋事情の紹介に努めた。『文明論之概略』『西洋事情』『学問のすゝめ』などを次々と著し、世界と隔絶されていた当時の日本人を啓蒙し、人間の自由・平等・権利の尊さを説き、前述のように、新しい時代である明治の先導者、維新設計の助言者としての役割を果たす。

司馬遼太郎は、福澤について、『明治という国家』の中で「福澤は個人の独立があってこそ国家の独立があると考えていて、個人の独立の中身は自由と平等でなければならないと考えていた。つまりは勝や坂本が考えた「国民国家の樹立」だった。しかし福澤は日本には国民国家ができあがる芽がないと絶望し、私塾（慶應義塾）で若人を教える事に専念した」と記している。そのうえで、「福澤は官途には仕えず、三田の山にいたまま、明治政府から無類の賢者として尊敬を受け、明治国家のいわば設計助言者としてあり続けた。小栗上野介忠順は明治という国家の改造の設計者、勝海舟は建物解体の設計者、福澤は新国家に文明という普遍性の要素を入れる設計者であった」と言っている。

こうして、福澤の門下たちと一緒に考えた理念が「独立自尊」であったわけである。福澤が輩出した子弟たちは、ほとんどが実業界に出て近代化の担い手となり、多くの企業を興した。実業界に慶應義塾山脈と呼ばれる多数の人材が送り込まれたのである。

緒方洪庵（一八一〇〜一八六三）
岡山県出身。蘭方医で天然痘予防に、日本で初めて種痘を行った蘭方医。一八三八（天保九）年、大坂に適塾を開く。福澤諭吉・大村益次郎などの人材を育成し、当時偏見が大きかった種痘普及やコレラの治療など、教育・医業に果たした功績は大きい。一八六二（文久二）年、幕府奥医師・西洋医学所頭取となる。

独立自尊と慶應義塾建学の精神

福澤諭吉には「独立不羈」の理念が脈々と流れている。一八七二（明治五）年『学問のすゝめ』初編を刊行してから、明治九年の一七編までの文中では、一貫して人としての尊厳、個人の自由と独立の精神、自律心の存在などが結実し、慶應義塾の「独立自尊」の建学の精神へとつながっている。

福澤は学問と教育が政治権力から完全に独立すべきであるという原則に基づいて、「独立自尊」を慶應義塾の建学の精神にしている。独立は「国家権力や社会風潮に迎合しない態度」、自尊は「自己の尊厳を守り、何事も自分の判断・責任のもとに行うこと」を意味している。権力をもって人を治める官尊民卑的な立身出世主義ではなく、社会の中で自らその身を保全し、一個人としての職分と社会的義務を自分の判断と責任において尽くすということである。

また、福澤諭吉は、三度にわたる欧米視察から帰った後の一八六八（明治元）年、イギリスの共立学校（public school）制度にならって、塾名を「慶應義塾」と改めた。

義という文字には〝社会公共のため〟、〝協力して事を行う〟という意味があり、「義塾」とは、より良い社会を実現するために知恵と力を出し合って運営する学塾をめざすという思いを込めて命名されたものである。つまり、パブリックな開かれた学校という意味である。

当時、塾の教育は洋学をベースにし、商工農士（士農工商とはいわない）の差別なく、学べる教育をめざした。このことは三田演説館における公開演説会の開催にも表れている。ここには、塾生だけでなく、一般の聴講者が集まり、彼らにも大きな影響を与えた。

また慶應義塾の方針は「時事新報」に掲載され、塾教育の内容をオープンにした。「時事新報」は単なる報道性と中立性をルールとしたマスコミの役割を果たす反面、福澤のきわめて啓蒙的な論説を中心にした多くの記事によって、社会教育的役割を果たしたわけである。あくまでも社会の利益に資する学問を追求する「実学の精神」、教員と学生が共に学び教え合う「半学半教」の姿勢、そして全社会の「気品の泉源」、「知徳の模範」たれという教えで、貫かれている。

慶應義塾大学図書館

八角塔を持ったゴシック様式の建物で、創立五〇年記念事業の時、明治四五年に建てられた。現在は書庫・会議室などとして使われている。設計は曽禰達蔵、中條精一郎が設立した曽禰中條建築事務所。昭和二年に西の第二書庫を、昭和六一年に第三書庫を増築し、現在の姿となる。国の重要文化財。

「実学の精神」の実学とは実際に役に立つ学問というより、「科学（サイエンス）」をさしている。この科学を、単なる知識としてだけなく、実際のビジネスや行動に生かせるように学ぶことが、義塾伝統の「実学の精神」である。

教育の内容や方法については洋学を主としたが、ただ、その順序（sequence）を固定せずに絶えず改革しようとしたこと、および演説（speech）と討論（debate）を実施し、体育を重視したことなどもその特色である。また、学問を修める過程で、「智徳」とともに「気品」を重視し、社会の先導者にふさわしい人格形成を志した。

そして、義塾ならではの目的として「社中協力」がある。社中とは、学生・教職員・卒業生など、すべての義塾関係者の総称であるが、塾の運営を経済的に支えている維持会である。明治三四年創設以来の伝統があり、社中の協力は社会に出てからの結束、いわゆる三田会など義塾閥の根源を形成している。

福澤諭吉の起業を支えた三つの手法

福澤は個人の自由と平等に基づく明治国家の真の独立、近代日本の建設のため、まず慶應義塾で「独立自尊」の理念のもと、教育家として第一に英語教育に重点を置いた実学教育の実践、第二に著作と出版事業を塾内出版局での開始、そして第三に演説と新聞（三田演説会、時事新報）という三つの手法を巧みに使い分けて、啓蒙思想家、言論人として不動の地位を確立した。

また、自らが創った「時事新報」では、重要な問題を連日にわたって分析、解説する福澤諭吉の社説が好評であった。明治一五年六月七日付第八三号の新聞で、テーマは独立不羈をベースに、福澤の持論である「官」と「民」の調和、協力を説いた「官民調和論」を主張した。内容は、明治政府の主要官僚らが少数の薩摩と長州出身者で占められている現状と歴史的経過を指摘し、日本が独

三田キャンパスにある三田演説館

立を維持したり、国会を開設していくには門戸を開放して人材を受け入れ、官民の調和を進める必要があると説いた。しかし、この社説は薩長藩閥政府対大隈・福澤の「明治一四年の政変」のしこりもあって、突然、発行停止処分になった。官から独立した事業の展開は時として障害を伴うが、ビジネスモデルとしては完璧であり、義塾での実学教育、著作と出版、演説と新聞の三者が互いに関係して補完し合い、新たな事業収益を生み、多くの人材の養成にも結びつけた。

そしてユニークなのは三田演説館での「公開演説会」である。それに加えて、「時事新報」や「交詢社」を通じての福澤の諸論・演説は現在の「生涯教育」の先駆けをなすもので、ヨーロッパの大学の拡張講座（university extension）に類したことをすでに実施していたわけである。

福澤にとって演説は、市民を対象にした啓蒙、社会教育の実践運動であった。活動の拠点として明治七年六月、「三田演説会」を立ち上げ、翌年五月には、「三田演説館」を開館させた。福澤存命中に約四〇〇回開かれ、そのうち福澤自身も二三六回も熱弁を振るった。「演説」という語も福澤自身の造語であり、今日の演説の基礎をつくった福澤の功績は大きい。

塾の経営と一体化した出版・翻訳事業

福澤諭吉は一八六七（慶応三）年、軍艦引渡し交渉の遣米使節団（小野使節団）で二度目の渡米をした際、多くの洋書を購入して日本へ持ち帰ったが、その際、「手数料要求」「公金私用」の違法行為があったとして告発を受け、帰国後、蟄居・謹慎処分を受ける。そのため書籍類も横浜に留置されたが、上司であった軍艦奉行・木村喜毅らの奔走で漸く、翌一八六八（慶応四）年一月にこれらの書籍が福澤のもとに返された。

六月には福澤は知人に宛てて「今後は読書渡世の一小市民となり翻訳請負の仕事を始める」旨の手紙を出している。

福澤諭吉の最初の著作といわれる『西洋事情』は一八六六（慶応二）年一〇月が初編であるが、第二編は明治二年、外編は慶応三年の序文を持ち、各編が逐次刊行され、明治六年版で集成された。内容は欧米諸国の文化・社会・政治・軍制・経済・倫理など広範囲に及ぶものである。この本は当時における欧米の入門書として普及しており、諭吉自身も「余が著訳中最も広く世に行はれ最も能く人の目に触れた」書であったと語っている。

そして、一八六八（慶応四）年、謹慎が解け、翻訳出版を有言実行し、この年、まず『訓蒙窮理図解』

という物理の入門書を刊行した。続いて一八六九（明治二）年熊本藩の依頼で『洋兵明艦』を小幡篤次郎、甚三郎と三人で共訳し、その代金六〇〇両で慶應の塾舎を建てる。

一八七二（明治五）年二月刊の『学問のすゝめ』からは、単なる「啓蒙家」としての福澤を脱して「啓蒙思想家」として歩み出す。この本はこれまでの伝統的な和漢の学問から洋学への転換を旨としたものであった。福澤は「人間の普通日用に近き実学なり。たとえば、いろは四七文字を習い、手紙の文言、帳合《ちょうあい》の仕方、算盤の稽古、天秤の取扱い等を心得、なおまた進んで学ぶべき箇条甚だ多し」とまず基本的なことから、「地理学」「物理学」「経済学」「歴史学」「修身学」などといった知識を学ぶことを重視した。

このように自ら「士族の商法」を実践していくうちに、「商売＝学問」論になっていったと思われる。また、一方で出版活動による「金儲け」に積極的だったことから「拝金主義者」と呼ばれていた。福澤はあえて「拝金主義者」といわれるのを自ら認め、日本人の意識の近代化をねらった啓蒙活動を展開したのかもしれない。

次に福澤が最も力を注いだ翻訳は『帳合之法』である。その発刊の際に、「余が著訳書中最も面倒にして最も筆を労したるもの」と言っているが、塾の教科書を実用書としても販売した結果、出版事業として収益の柱になったわけである。さらに、この本を地方に普及させるために、慶應義塾の地方分校（大阪、京都、徳島）も開設し、弟子の**荘田平五郎**に教育と書籍販売の両方に当たらせ、時代の需要に応え、売上を伸ばした。このように、福澤の出版事業は慶應義塾の経営と密接不離な関係を持ち、塾の関係者（社中）が翻訳出版に協力し、出版の収益を塾に還元していた。その結果、福澤と慶應義塾の名を高め、塾生の募集にもつながるという相乗効果を上げることができた。

荘田平五郎　（一八四七～一九二二）

一八四八（嘉永元）年、大分県臼杵市に生まれる。一八六七（慶応三）年、藩命により江戸の「青地信敬塾」で英語を学び、その際、福澤諭吉から「西洋地理書」を購入した。明治二年、二四歳で慶應義塾に入塾。明治八年に三菱商会に入社した。明治二七年から明治四三年まで三菱合資本社の支配人になり、また東京海上、明治生命の会長などに就任した。福澤門下で三菱の最初の近代的専門経営者であった。

慶應義塾のめざした実学教育

啓蒙思想家・福澤諭吉は今までの伝統社会での日本人のものの考え方が精神に偏り、物質と実利にうとい点を問題として、この観点から国民に実利を勧め、空疎な精神主義を批判した。「精神の社会と実物の社会と進歩の度を共にせざるが為に生じた不幸」は明白であり、「之を社会精神上の変動に比すれば、天渕も啻ならず。実業社会は独り日本の旧乾坤に留まるものというべし」と『実業論』に書いている。

このように、精神に対する実利感覚の立ち遅れという大きなギャップをどうするか。ここに福澤の啓蒙活動の原点があった。慶應義塾の教育内容が、金持ちへの道であるところの「実業人」の養成をねらいに、法科よりも理財科に重点が置かれたことがその証左である。当初福澤自身が講師も務め、ウェーランドの『経済学要論』を使った英学の講義を担当した。

ここにいう実学とは、福澤の思想の中核をなすもので、彼はこの「実学」に「サイエンス」とルビをふっている。新島との宗教上の確執の中で、福澤の教育理念の背景として、ドレパルの著書『耶蘇教と実学との争闘』の影響を受けていると思われる。

ここで、実学を「サイエンス」といっているのも根底は、実利主義、つまり実利を求めるための学問という側面に加えて、実験、実証主義の学問である「科学」という意味を持たせていたことである。

「東洋にないものは数理学、独立心だ」（『福翁自伝』）という言葉によっても、福澤が実証科学を日本に導入すべき英学の中心に置いていたことは確かである。つまり、福澤が数理学の効用を説いている実学には、「実益」「実行」「実証」の三つの要素を含んだものと考えてよい。『学問のすゝめ』で「いろは四十七文字を習い」と身近な知識に重きを置いているが、後の方では、「どの科目もどの学問でも事実を正確に把握し、その上で基本的な働きを見きわめなければならぬ」と、科学的に実証していくことの重要性を説いている。福澤が自ら起業家として、言論界、金融、生活文化の分野で行動を起こしているのは、この実証のためといえるだろう。

これは現在にも通じるもので、実学、つまり経済や経営と実証科学が一体となって展開してこそ事業化が可能ということである。ベンチャー起業の成功要因も科学と経済（マーケティング）が完全にミックスした高い技術を持っている企業が新たな時代の担い手になれるのであり、その面では先見性のある実学の概念といえる。

福澤は時事新報でも多くの経済関係の社説を書き、本にしているが、その主なものに『実業論』『民間経済録』『通貨論』『私権論』、そして『尚商立国論』がある。『尚商立国論』は一八九〇（明治二三）年八月末から五回にわたり連載され、反響を呼んだ。「国家が反映するには国家、国民がともに豊かになることが必要である。商業を尊ぶ『尚商立国』の道を進もう。国民の富貴は要中の要であり、官尊民卑を改め『尚商立国』を造るべし」という要旨であった。

さらに、「福澤は終始、日本の近代化にとっては政治より経済が重要と説いていた。真の近代化は個人の確立イコール経済的自立だった。日清戦争で景気がよくなり、金もうけ主義が横行すると、尚商立国論や実業論で『社会の規範と倫理』を訴えた。

そして明治二六年の『実業論』で福澤は、新興の三菱と老舗の三井を対比させて、近代日本の経営者の条件をまことに単純明快に述べている。すなわち、古来より行われてきた通り、まず知識見解を広く持ち、気品を高尚に保ち、約束を重んじ、そして事物の秩序を正しくすることだと言っている。この古くからの行動原則の上に、明治の経営者にとって必要不可欠なものは「開国」の認識のみであり、この認識が古来の原則と合致することで、福澤はこれを「文明の実業法」、すなわち近代日本の経営者の条件であると結論づけた。

一八七〇（明治三）年、福澤は慶應義塾の学生に対する教授法として確立していた英学、つまり英語と経済学の二つの学科こそ、開国後、再び世界の市場経済に組み込まれた明治日本の経営者にとって必須のものと位置づけたのである。

慶應義塾の学生が、四書五経や英語のリーダーをウェーランドやミルの経済書にとって代えることとは別に困難なことではなかった。しかし福澤は、学問がどのようなものであれ、それ自体を自己目的化することを強く戒めた。甥の中上川彦次郎に次の言葉を送っている。

「学で富み富みて学び、学者と金持と両様の地位を占め、以て天下の人心を一変するを得べきなり」。福澤のこの一句が、「文明の実業法」を身につけた経営者が、慶應義塾から数多く生み出されるきっかけになるのである。

福澤構想を実験・起業化した早矢仕有的

一八六七（慶応三）年二月一二日、**早矢仕有的**は築地鉄砲洲にある福澤の私塾（後の慶應義塾）へ英学修業の目的で入塾した。これが福澤と早矢仕の出会いであった。

以来、早矢仕有的は三歳年長の福澤を師と仰ぎ、たちまちその人物に敬服し、以来実学を中心に何事にも福澤の指示、教えを乞うようになる。また福澤の方も、医者である早矢仕の人格と学識を高く評価し、自分の参謀として待遇した。早矢仕の同門には、阿部泰蔵（明治生命の創始者）、小幡篤次郎（のちの慶應義塾塾長）、小泉信吉（のちの塾長で小泉信三の父）らの俊秀がいた。

福澤の新知識による実業立国の思想に強く刺激を受けた早矢仕は、次第に医業を捨て、未経験の実業界へと方向転換し、福澤の実学の実験台になろうと決断する。明治元年一一月、早矢仕有的は横浜新浜町（現・尾上町）の自宅を店舗に改造し、自家所蔵の医書などを並べ、ここに初めて小さな書店を開業した。これが現在の丸善の発祥の地となる。最初は「球屋」と言っていたが、後に「丸星」に改称し、翌明治二年一月一日をもって、「丸屋」を正式に会社組織として本格的な活動に入った。会社化に伴い、『丸屋商社之記』を成文化した。これは日本初の会社設立趣意書であるが、一説には論吉自身の手によるものといわれ、福澤の思想「士魂商才」を基盤とし、事業の理想をうたった家訓ともいうべきものであった。

その内容の中で、丸屋商社の終極の目標は、商業によって一時の盛況を望むのではなく、むしろ、この会社が新しい商業人を養成するための商売学校、あるいは実務執行の道場たらんとすることにあるとしている。また、丸屋の組織は、従来の個人商店的欠陥を是正し、資本を出資する元金社中（株主）と、実務に服する働社中（従業員）とによって構成されていた。

丸屋の事業は、福澤の著書や慶應義塾出版部発行の書籍の委託販売に始まり、中外堂取扱いの新聞雑誌類、洋書類、翻訳書類などの取次販売、また横浜の商館と取り引きして、医療器械や薬品、洋品雑貨なども販売した。一八七一（明治四）年、大阪と東京（日本橋の現丸善所在地）へ支店を開設した。翌明治五年からは京都にも進出した。そして早矢仕は福澤と共に京都の小学校を視察し、京都の教育施策にも関与した。

このように、福澤が実業の起案家であるとすれば、早矢仕有的はそれを現実に具体化させた実験者といえる。理想と現実の間を埋め、事業を成功させる役割であった。その意味で、早矢仕は、丸屋を日本における近代的企業形態を確立させるための実験室と位置づけ、考えられる最新の会社経営の手法を取り入れ、実行していった。

その後、福澤と早矢仕は、わが国初の生命保険会社・明治生命の創立、丸家銀行（明治一二年）、貿易商会、横浜正金銀行（明治一三年）などを創立し、その名声はいちだんと高まる。またこの間、丸屋商社は、一八八〇（明治一三）年に有限責任丸善商社に改組した。

しかし、明治一七年にいたり、丸善グループの機関銀行・丸家銀行が、松方デフレ下の不景気と、不良資産発生で破綻、次いで貿易商会など丸善傘下の全事業が連鎖反応を起こし、丸善商社を除くそのほとんどが倒壊してしまう。早矢仕は全責任を負い、丸家銀行の整理に専心して当たった。早矢仕が必死で残した丸善商社は、その後明治二六年に「丸善株式会社」となり、現在に継承されている。

このように、明治二年の丸屋商社創設以来、福澤諭吉と早矢仕以下その門下生たちは、起業を繰り返し、福澤はその都度、出資に協力して実業論を自ら実践に移してきた。早矢仕はその実験、実働の責任者であった。

福澤は丸屋への関わり後、金銭的な損出は大きかったが、彼の実業観に新たな決意がみなぎったようである。それは会社に就職して学識を発揮することを、高等教育機関の卒業生に求められる実業参加のあり方として重視していくようになったことである。いわゆる実証科学としての「実学」である。

早矢仕有的（一八三七〜一九〇一）
美濃国（岐阜県）に生まれる。一八歳で父の跡を継ぎ医師になる。蘭学から英学に転じ、慶應義塾に移り福澤諭吉に師事した。福澤の教示により医業から商業に志を転じ、福澤の有力なブレーンとして一八六八（明治元）年、横浜に貿易、出版業を目的とする丸屋商社（現、丸善株式会社）を創設した。日本の株式会社第一号であった。

慶應義塾内に開業した衣服仕立局

福澤が唱える『実業論』の実践として、前述したように慶應義塾を中心に時事新報と出版の三つの直接事業があるが、その他に歴史的に忘れてはならない事業に、塾内に開業した「衣服仕立局」がある。

福澤諭吉は単に日本での最初の「西洋服」紹介者であっただけでなく、今日の「背広」の名づけ親でもある。実際に「衣服仕立局」の経営に乗り出したのもいかにも福澤らしい。それは一八七二（明治五）年九月のことで、三田の慶應義塾内の出版局の一部に作業場を設け、最初は塾生のために洋服を作ることにしたのである。

開業に当たって福澤は、「洋服の便利なるは今更いうに及ばず。しかるに今あまねく世に行われざるは、その品柄上等にして値段高きゆえなり。（中略）洋学書生三十両の金札をなげうって、一揃の洋服を注文せば半年の学資はこれがために空しからん。このたびわが仕立場にて製する洋服は、中等以下世間の日用に適して事実に便利なるものを主とするなり」と言っている（明治五年一〇月刊、「新聞雑誌」第六二号に掲載された「衣服仕立局」の広告文の一部）。

慶應義塾の学生は新しい英学を学ぼうとしているのであり、洋学を学ぶには洋服が良かろうと誰もが思ったのは当然である。しかし、その頃の洋服はこの上なく高価であり、今の時代でいえば高級車一台分くらいの値段であった。そこで、直接製作すれば安く洋服が仕立てられないかという発想が、最初の「衣服仕立局」の発端なのである。

そのためには「舶来師」のような特殊技術者ではなく、一般の子女に洋服技術を教え、そして舶来生地に頼らず、なんとか国産生地で洋服を仕立てることにした。

「衣服仕立局」は主として塾員の高橋岩路に一任された。そして元入諸費用（資本金）は、明治五年八月二一日に福澤自身が五両拠出した。二カ月間で、ほぼ製作方法が固まり、品質面も学生服で確認できたところで、同じ年の一〇月二三日に、「衣服仕立局」に移行、譲渡することにした。

次第に、慶應義塾内では異質な施設となってきたためと思われる。それまでに諭吉が「仕立局」に投じた資金は一種の債権とし、丸屋が継承した。丸屋（後の丸善）の用品部の誕生である。福澤と社長の早矢仕有的は師弟の関係以上であり、高価であったミシンなどの道具一式に加えて、担当者の高橋岩路も慶應から丸屋へ移籍になった。この衣服仕立局も福澤諭吉の起業による「実学」の一つといえるであろう。

近代経営に影響を与えた『帳合之法』

福澤諭吉の実学で、日本の近代経営に最も大きな影響を与えたのが『帳合之法』である。これは、会計の法を説いた翻訳書であるが、日本で最初に出版された西洋式簿記書（複式簿記）であり、企業の決算書を作成する基本になるものである。今日の簿記・会計学である。

福澤の翻訳書はたくさんあるが、この訳書が何といっても燦然と輝く白眉といえるのである。一八七三（明治六）年の『帳合之法』（四巻・福澤諭吉訳　H・B・Bryant, H・D・Stratto 共著）は慶應義塾の教科書として最初に使われた。

福澤は『帳合之法』の序文で、次のようにこの本の役割と意義を述べている。

「古来日本国中に於て、学者は必ず貧乏なり、金持は必ず無学なり。故に学者の議論は高くして、口にはよく天下をも治むると云へども、一身の借金をば払ふことを知らず。金持の金は沢山にして、或はこれを瓶に納めて地に埋めることあれども、天下の経済を学びて商売の法を遠大にすることを知らず。蓋し其由縁を尋ぬるに、学者は白から高ぶりて以為《おもえ》らく、商売は士君子の業に非らずと、金持は白から賎しめて以為らく、商売に学問は不用なりとて、知る可きを知らず学ぶ可きを学ばずして、遂に此弊に陥りたるなり。何れも皆商売を軽蔑してこれを学問と思はざりし罪と云ふ可し。今此学者と此金持とをして此帳合の法を学ばしめなば、始めて西洋実学の実たる所以を知り、学者も自ら自身の愚なるに驚き、金持も自ら自身の賤しからざるを悟り、相共に実学に勉強して、学者も金持と為り、金持も学者と為りて、天下の経済、更に一面目を改め、全国の力を増すに至らん乎。訳者の深く願ふ所なり」

さらに、加えて次の一節がある。

「商売も学問なり、工業も学問なり。また一方より論ずれば、天の定則に従い心身を労してその報いを得るものは商売なるゆえ、役人の政（まつりごと）をなして月給を得るも商売なり、古の武士が軍役を勤めて録を得るのもまた商売なり。しかるに世の人みな武士役人の商売を貴（たっと）く思い、物を売買し物を製作する商売を賤しく思うは何ゆえぞ。畢竟（ひっきょう）商売を貴き学問と思わざりし心得違いなり」

「実学に勉強して、学者も金持と為り、金持も学者と為り」とあるが、これは福澤が甥の中上川彦次郎に与えた「学で富み富みて学び」という言葉と一致している。それは、筆一本によって財をなした福澤の経験から出たものであった。

この『帳合之法』は義塾の教科書からスタートし、やがて一般商人へと普及し、慶應義塾出版局より、初編が一八七三（明治六）年六月、第二編が翌年六月に出版され、全国で五〇万部以上販売されたといわれる。しかし当初、この本を完全に理解し、教授できるのは福澤と翻訳作業を行った**中村道太**（後に横浜正金銀行初代頭取）くらいであった。

中村道太は丸善に入社し、西欧の複式簿記を実地に応用し始め、「監察方」、すなわち経理監査の仕組みを確立した。丸善は初期の段階から『帳合之法』によって、最も優れた経理方式をもって事業を営むことができたわけである。そして『帳合之法』の販売を慶應義塾出版局から寄託されたのを機に、西洋簿記講習会を開催した。丸善社内での実務経験が早くも講習会の態勢を整えることができたわけである。この講習会が福澤の著書の販売に直結したわけである。現在の「ヤマハ音楽教室」がピアノの販売に結びつくように、需要創造の手段として、簿記講習会が位置づけされたといえそうである。

福澤は商品として『帳合之法』を販売し、収益を上げただけでなく、簿記の効用を自らの財産管理にも応用した。簿記の「真の功用は…＝総勘定」にあり、「総勘定は商売の有様を示すものという」であったから、自分の訳書を基本にして、福澤は、他の帳簿、すなわち金銭出納帳や台帳を基に記入した総勘定によって、自らの経済状態の把握に努めた。現在の損益計算書と貸借対照表、つまりバランスシートである。

中村道太（一八三六〜一九二一）

愛知県出身。一八六六（慶応二）年、福澤諭吉を訪れ師弟関係を結んだ。その後、丸屋商社（のちの丸善）に入社し、社長となる。そして豊橋に戻り、東三河地方で初めての銀行である朝倉積金所を設立し、さらに政府の国立銀行条例に基づき豊橋に第八国立銀行を設立した。一八八〇（明治一三）年、横浜正金銀行の初代頭取となる。

第五章　大隈重信の「学問の独立」と早稲田の進取の精神

アメリカ独立宣言が早稲田建学の動機

大隈重信が政治の世界だけでなく、教育分野に情熱を燃やした背景、なぜ東京専門学校（後の早稲田大学）を創設したか、建学の志となった思想的背景と教育論を知るため、時代を遡ってみよう。

大隈重信は一八三八（天保九）年、佐賀、鍋島藩の砲術長の父信保、母三井子の長男として生まれた。藩校弘道館に入学して朱子学を学び、**葉隠《はがくれ》主義**(1)の訓育を受ける。しかし長じて、その学風に反発するようになり、一八五四（安政元）年、義祭同盟に加わり学風改革を提議したが入れられず、翌一八五五（安政二）年退学となり、追放の形で長崎へ追いやられた。実際は、名君鍋島閑叟が、その才学を見込み、留学させたともいわれる。

長崎で大隈は米人宣教師**フルベッキ**について英学を学ぶ。大隈が入塾して間もないころは、政局の激しい展開の中で欧米の新知識が希求されて英学熱が高まり、特に佐賀藩では、長崎での外国貿易を通じて巨利を得ていたため、英語、英学の知識を持つものが重視された時であった。そこで大隈は先輩の小出千之助と相談し、新たに英学塾を開いて藩内外の英学希望者を収容することを計画する。

そして、一八六五（慶応元）年、長崎五島町に「致遠館《ちえんかん》」という英学校を開校した。恩師・フルベッキを校長に、副島種臣を学監に迎え、学生数三〇人ほどでスタートしたが、自らの出身地、佐賀はもとより藩や階層、年齢を問わずに受け入れたので、最盛期には一〇〇人を超えるほどになった。

大隈は致遠館の実質上の経営に当たり、自ら生徒でありながら、教師になって励んだ。後の東京専門学校の設立のきっかけも、人と教育が好きだった大隈の英学修行、致遠館の経営から得た教訓にあったのかもしれない。

致遠館では横井小楠の甥や岩倉具視の息子も学び、塾生の中から、理化学研究所の創立者でタカジアスターゼの発明で有名な高峰譲吉や、山梨県知事・農商務次官を務めた前田正名らが巣立っている。

一八六七（慶応三）年三月、大隈は副島種臣と二人で、将軍・徳川慶喜に大政奉還を勧告しようと脱藩して上京したが、不調に終わり、佐賀に送還された。

明治新政府が成立すると、一八六八（明治元）年、徴士参与職・外国事務局判事に任ぜられた。

キリスト教徒処分問題をめぐるイギリス公使・パークスと折衝するという新政府成立当初の難問を解決して、外交的手腕を発揮した。これも、フルベッキから習得した英学と聖書が役に立ったためである。

このように、大隈の高等教育機関創設の動機は、最初に弟子入りした英学の恩師である宣教師フルベッキの影響があるのである。大隈は、聖書とともにアメリカ憲法を学び、その前付けとなっている「アメリカ独立宣言」に多大の興味を持ち、その起草者であるアメリカ第三代大統領のトーマス・ジェファーソンに最大の尊敬の念を抱く。そのジェファーソンが、一方でアメリカ最初期の政党、民主党を結党し、他方で、ヴァージニア大学を設立していることを知る。その時、大隈の胸に「片手に政党、片手に学校」、「いつか自分も日本に大学を創ろう」という志を持ったことが考えられる。

注

（1）江戸時代中期に出された、肥前国鍋島藩藩士・山本常朝の武士としての心得についての見解を「武士道」という用語で説明した教訓書、武士の修養書。別名、「鍋島論語」という。

フルベッキ（一八三〇～一八九八）

オランダのユトレヒトに生まれる。一八五二（嘉永五）年にアメリカに渡り、やがてニューヨーク州のオーバン神学校に学んで宣教師になる。日本への宣教師派遣に応募し、一八五九（安政六）年に長崎へやって来た。

一八六八（明治元）年に致遠館の校長を経て翌年、大隈重信との関係から明治政府の成立後、東京に出て、大隈重信の推薦で開成学校・華族学校・明治学院の教師を務め、明治六年には政府の法律顧問になる。

華々しい大隈重信の政治活動

一八六八（明治元）年三月、大隈は前述したように、徴士参与兼外国事務局判事に抜擢され、キリスト教徒処分問題で英国公使パークスらとわたり合って敏腕を振るった。これがきっかけとなって大隈は中央政府に認められ、外国官副知事から翌年の一八七〇（明治三）年九月に参議になり、政治の表舞台に登場する。

大隈は「政治は我が生命」と言い切るほど、明治近代国家、立憲政治の実現をめざし、国の指導的推進者としての志を貫くことになる。明治一〇年に大蔵卿に就任して、十進法、地租改正・秩禄処分を断行し、殖産興業改策を進め、資本主義発展の基礎を整備し、いわゆる大隈財政として実績を上げる。これら近代財政を基礎として、工部省・内務省を新設し、博覧会を開き、郵便制度を設け、また官営事業を興し民間企業を援助して、欧米に負けない近代国家をめざし、文明開化政策を次々に推進した。

この時期、福澤諭吉との関係が強化され、福澤の横浜正金銀行設立企画に賛同し、手を貸す。西郷隆盛らの征韓論が起こると内治優先の立場から反対し、木戸孝允、西郷隆盛、大久保利通らが亡くなった後には、参議筆頭として事実上政府のトップに立つ。

しかし、前述したように「明治一四年の政変」で退陣を余儀なくされる。大隈の腹心の部下で、会計検査院一等検査官を退任した小野梓は、鴎渡会のメンバーと政党設立の準備に取り掛かった。一方福澤門下の矢野文雄、犬養毅、尾崎行雄らの東洋議政会も同様の考えを持っていたので、協力して政党組織化を進め、一八八二（明治一五）年四月、立憲改進党を結成し、総理には大隈が就任した。

この立憲改進党はイギリス流の立憲政治をめざす政党であるが、「最大多数の最大幸福」の理念を持っていた。また鴎渡会のメンバーの中には東京大学を卒業したばかりの高田早苗や市島謙吉がいたことから、大隈の大学設立構想が急速に進展した。

そして同年一〇月二一日に、大隈は、現在の早稲田大学の前身である東京専門学校を創立した。校長には養嗣子の大隈英麿が就任したが、学校経営の中心を担ったのは小野梓であった。政府を刺激することから大隈自身は直接関与しなかった。

しかし、政敵からの警戒の目が厳しかったため、自らは開校式にも出席しなかった。その後、当時最大の外交問題であった不平等条約改正に大隈の力が必要とされ、黒田内閣に外相として迎えられ、改正交渉に取り組んだ。しかし、明治二二年、国権論排外主義者の爆弾テロで右足を失うなど

大隈重信
（国会図書館提供）

の不幸もあって辞職を余儀なくされ、その努力は実らなかった。

一八九八（明治三一）年、板垣退助と共に憲政党を結成、続いてわが国最初の政党内閣（隈板内閣）を組織したが、党内分裂と閣内不一致のため、四ヵ月の短命内閣に終わる。一九一四（大正三）年に再度、内閣を組織する。第一次世界大戦の参加、対華二一ヵ条要求、防務会議、二個師団増設など対外強硬と軍備拡張を計画したが、大正五年一〇月には総辞職をし、大隈は政界から完全に離れた。

明治一九年に内閣制度が実施されて以来、組閣を組んだのは薩長閥族の系統に限られていたが、大隈は、閥外者として二度、内閣総理大臣になったわけである。このように、大隈重信は政治家として名をなし、国政における重要な役割を果たしたが、生涯、薩長藩閥に対抗して在野精神を保ち続けた。独立不羈が貫かれたといえそうだ。

自分で創立した早稲田大学に落ち着くには、一九〇八（明治四一）年総長に就任するまで、三〇年間待たねばならなかった。

「学問の独立」が東京専門学校創立の理念

「明治一四年の政変」で、藩閥政治家で元の仲間の伊藤博文、井上馨らと衝突して下野したことを契機に、ただちに一方で立憲改進党という政党を組織して、自由民権運動に一大勢力をつくって参加する一方、東京専門学校を設立したのは、まさにジェファーソンと同じ手法であったわけである。

大隈による東京専門学校設立の動機について、木村毅早大名誉教授も同様な見方をし、「語をかえていえば、早稲田大学は、アメリカ独立の精神、その宣言の起草者のジエファーソンの高風を慕って設立成長した学苑なのだ」と断言している。

大隈は、近代的な立憲主義の国家の建設をめざす上で、政党政治の実現と、その担い手にふさわしい立憲国民の育成を急務と考えたのである。そこで彼は立憲改進党の結成を終えると、今度は学校校舎の建築をはじめ諸事の準備にとりかかる。

小野梓が大隈と初めて学校設立の相談を始めたのは、明治一五年七月七日であるが、以後その設立計画は急速に発展した。まず大隈が養子の英麿のアメリカ留学からの帰国に備えて、あらかじめ用意していた施設を利用し、整備することとした。学校の運営、組織などは、小野を中心にした**鴎**

渡会[1]のメンバーがまとめた。

「学問の独立」は東京専門学校の建学の理念であり、この理念は大隈重信が小野梓と相談しながら決定したものである。この二人の合作とも言うべき「学問の独立」は、そもそも、「一国の独立」はどうすれば達成できるか、ということから出発している。「国民一人ひとりの精神がきちんと独立して初めて国家の独立がある」ということ、つまり「一国を構成する国民一人ひとりの独立が必要である」という理念である。したがって、東京専門学校では「学問の独立」を前提とした学問を教授し、そして学ぶ者は、精神の独立した人格を身に着け、その結果、国民が一人ひとり独立していくという「国家論と学問論」とが相互に関連した考え方を理念としている。

そして、一八八二（明治一五）年九月に「東京専門学校開設広告」として、学生募集の要項を発表した。それによると、英語の習得者を前提にせず、邦語の授業を主体にし、次の三項目のゆるやかな入学資格にしていることが注目される。

一、本校ハ修業の速成を旨トシ、政治・経済学、法律学、理学及ビ英語ヲ教授ス。

一、政治、経済、法律及ビ理学ノ教授ハ専ラ邦語講義ヲ以テシ、学生ヲシテ之ヲ筆受セシム。

一、入学ヲ許ス者ハ年齢十六歳に満チ、普通ノ教育ヲ受ケ、略々和漢ノ学ニ通ズル者ニ限ル。

このように、新文明の定着のため、欧米の学問の吸収、消化、応用の修業速成をめざしたものになっている。政敵から監視を受けていた大隈が表に立って行動を起こせなかったことから小野梓が学校創立準備の中心となり、**高田早苗・**天野為之・市島謙吉、**坪内逍遥**の四人の幹部が支援する形で学園の基礎が築かれた。後に、大隈と小野を本尊と見立て、四人は「早稲田の四尊」といわれた。

建学を担った小野梓は開校に当たって次のように「学問の独立」を宣言した。「一国の独立は国民の独立に基し、国民の独立は其の精神の独立に根ざす。而して国民精神の独立は実に学問の独立に由るものなれば、其国を独立せしめんと欲せば、必ず先ず其民を独立せしめざるを得ず。其民を独立せしめんと欲せば、必ず其学問を独立せしめざるを得ず。是れ数の天然に出ずるものにして、勢の必至なるものなり」。ここに、私学としての東京専門学校の理念と建学の精神が凝縮されている。

注

（1）東京専門学校創立と立憲改進党、およびその後の政界の大隈派の人的母体となったのは、鴎渡会である。鴎渡会は、大隈の知恵袋である小野梓を盟主にし、東京大学在学中だった高田早苗・岡山兼吉・市島謙吉・山田一郎・砂川雄峻・山田喜之助・天野為之の七名によって、明治一五年二月二七日に結成された。会の名は、小野の居宅が隅田川の渡船場「鴎の渡し」近くにあったことにちなんでいる。鴎渡会は当時、最高のインテリ青年の小政治集団で、明治一五年四月一六日に結党式を挙げた立憲改進党の立憲改進党趣意書、基本方針の案文作成に当たった小野梓に対して最新の知識を提供し、ブレーンの役割を果たした。また、機関紙『内外政党事情』を出版するなど党勢拡大に重要な役割を演じた。しかし明治一九年一月小野梓の死去とともに、鴎渡会は自然消滅した。

小野梓（一八五二〜一八八六）
高知県宿毛に生まれた。一八七一（明治四）年から一八七四（明治七）年の間、アメリカ・イギリスに留学、帰国後は啓蒙活動のかたわら、司法省官僚となり法制の調査・研究に携わった。一八八一（明治一四）年の政変で大隈重信と共に下野し、大隈の参謀となって立憲改進党を結成するとともに、東京専門学校創立に関わる。創立後は事実上の校長としてその運営に当たった。肺結核が悪化し、満三十三歳の若さで死去。

高田早苗（一八六〇〜一九三八）
一八八二（明治一五）年、大隈重信の立憲改進党結成、東京専門学校（早大）創設に参画する。翌年、東京帝国大学卒業。坪内逍遥とは同期で、専門学校では英国憲法史などを教えながら、学校経営に携わる。明治四四年、早稲田大学の学長に選ばれる。その後一九二一（大正一〇）年から一九三一（昭和六）年まで、大隈重信の後を受けて総長を務め、早稲田大学発展の礎をつくった。

坪内逍遥（一八五九〜一九三五）
小説家・劇作家・評論家・翻訳家。岐阜県加茂郡太田宿に生まれる。一八八三（明治一六）年に東京大学文学部を卒業後、東京専門学校の講師となる。明治一八年、評論『小説神髄』を発表。江戸戯作から近代小説への架橋の役割を果たした。明治二四年、「早稲田文学」を創刊。シェイクスピアの紹介など、演劇の近代化に果たした役割も大きい。

大隈自身が建学の理想を語る

大隈は創立者でありながら、東京専門学校への政敵の風当たりを避けるのと、何よりも建学の理念である「学問の独立」という確固たる信念を守るために、学校と大隈個人との関係に明確に一線を画して、学校の晴れの舞台にも足を踏み入れなかった。大隈が初めて学校の公式の場に立ったのは、一八九七（明治三〇）年の創立一五周年祝典の場である。やっとほとぼりも冷め、学生数も次第に増加し、落ち着いてきたころだったので、大隈も大きな喜びをかみしめつつ登壇した。

その日は第一四回卒業式も行われた。一五年目して初めて、このような式典に、大隈の姿があった。自宅が目と鼻の先にありながら、見えない壁に阻まれた一五年間であった。多くの来賓が見つめる中、不自由な脚で演壇の前へ進み出た大隈は、建学の理念を改めて述べ、現在の心の内を吐露した。

「…学問の独立を、小野梓君をはじめとする諸君が賛成されたから、それで学校をつくったのである。それを世間はどう誤解したか、わが輩が政治に関係しているから、政治上の目的で政治に利用するのだというようなことだ。中には本当にそう考えた人もあるにちがいない。和をくずすための悪口。何かためにするところがあったと思われるが…はなはだ困ったことだ。しかしあえて云う。わが輩は、学校について一点の私心もない」。

「…わが輩は、よほど奮発してこれをつくったのであるが、今日初めてこの講堂へ参ったくらいである。…世間で言うアレは大隈の学校だ。大隈はひどいやつだ、陰険なやつだということを言う。はなはだ迷惑千万」。

「ある時には、随分いろいろなお役人たちが大学校から出た。役所にいながら学校にもつくしてくれる講師が、何かしらないが専門学校に行って講義すると大変なわけで、不本意であるが具合が悪い。不熱心な考えはないが当分事情があるといって、少し政府に縁のある教員先生は逃げてゆく。そこで一時は教員の不足に非常に困った」。

しかし、創立当初のにがい思い出に想いをめぐらせながらも、大隈は演説の中で学校の将来に大きな望みを託している。

「この学校は決して一人のものではない。国のものである。社会のものである。…私の従来の希望は少し大胆な企てのようであるが、どうもこの学問の独立をみたいということである。…大学でまでならずとも、大学に近い、…あるいは大学となるかしらぬが、学科をだんだん増やしていくということになったならば、私の十分満足するところである。また社会に対しても非常の面目、またこの学校の校友あるいは学生諸君においてもはなはだ栄誉とするところである」。

さらに、大隈は「今日の如何なる高尚の学問も日本の文字と言語で、言い直すことのできない道理はないと思う」と述べ、東京大学や慶應義塾が英語の教科書を使って教育しているのに対し、邦語による教育の方針をとってきた東京専門学校の立場の正当なることを堂々と主張した。そして一九〇〇（明治三三）年には高田早苗が学監に就任し、大学昇格の準備を始め、明治三五年、正式に「早稲田大学」と改称した。

学問の独立と進取の精神

この大隈重信の建学の精神は、現在、早稲田大学教旨として制定され、「学問の独立を全うし、学問の活用を効し、模範国民を造就するを以て建学の本旨と為す」とし、三つの理念を柱にしている。一番目の「学問の独立」については、建学以来の在野精神、独立不羈《ふき》、反骨の精神と結びついていて、権力や時勢に左右されない、自由、独創の研鑽という大隈精神が生きている。

「学問の独立」は、時の政治権力から抑圧された東京専門学校時代における、政治からの独立も意味する。さらに大隈の同志、小野梓は「学問の独立」に関連して、開校時に「政治、経済、法律及ビ理学ノ教授ハ専ラ邦語講義ヲ以テシ、学生ヲシテ之ヲ筆受セシム」とし、それがたとえ、西洋の新しい思想、知識、技術であっても、西洋の言語をもって伝えるならば、永遠に日本の学問の独立はないと明言した。この「邦語をもって講義を行う」ということは外国の学問からの真の独立を意味し、建学の精神「学問の独立」にふさわしいものであった。

二番目の「学問の活用」は、学問は現実に活かし得るものであること、つまり、安易な実用主義ではなく「進取の精神」で時世の進運に貢献することを意味する。

三番目の「模範国民の造就」は、グローバリゼーションが進展する現代、豊かな人間性を持った「世界市民の育成」をねらいにしている。このように、早稲田の建学の精神は時代を先取りする進取の精神でもある。

大隈重信は小野梓に学問の独立について、具体的な相談をしている。

「わが国における学問の独立が実現しなくて、すでに久しいではないか。その理由の一つは、学者に十分な名誉と利益を与えないところにある。それで私は考える。政府が官有林をつくり、その収益を学者の待遇改善に与え、生活の心配なく学問の研究に従事させて、政府からの学問の独立を図らなければならぬ…」と財政面からの独立も考えていたのである。

さらに「学問はどこまでも学問であってほしい。何者かの奴隷や機関になってはならぬ。今は何をおいても学問の独立を図り、速成を図ることにある。それのためには、私学を起こさねばならぬ……」と大隈が東京専門学校を創立したのは、政府が心配する政治的野心や、一時の思いつきではないことを強調した。福澤諭吉や新島襄と同じく官立大学にない私立大学の自主、自立こそ彼のねらいであった。もう一つの東京専門学校の特色は、教授の方法である。

このころには、専門の学科を日本語で教える学校はどこにもなかった。専門の翻訳書が少ないので、学生は原書を読むしかない。これには語学力が必要で、それに通じる予備教育が必要であった。外国語を勉強するよりも、日本語で教えた方がかなり無駄が省け、効率的な授業ができるはずである。専門の知識を短期間に習得できるし、実際に役に立つ人材をより多く社会に送り出すことができる。東京専門学校が、「修業の速成を旨」とし、「政治、経済、法律および理学の教授はもっぱら邦語講義をもってする」校則を掲げたのは、大隈重信の考えで生まれたのであった。

早稲田大学大隈講堂

大隈講堂は、一九二二（大正一一）年一月一〇日に大隈重信が没して間もなく、昭和二年、大隈を記念する事業の一環として建設された。大講堂は彼の悲願であった。大講堂は地上三階建ての総座席数一四三五席。小講堂は地下一階の三八二席。正面左には七階規模の時計塔を持ち、その高さ一二五尺（約三八メートル）は、大隈が生前に唱えていた「人生一二五歳説」にちなんでいる。塔上の鐘は、米国ボルチモア市のマクシェイン社からはるばるパナマ運河を越えて運ばれた。大小四つの鐘でハーモニーさせる方法は日本では初めてのもので、一日六回ウエストミンスター寺院のそれと同じハーモニーを奏で、早稲田の街に時を告げている。また、天井は、宇宙を表現している楕円形の採光窓がある。太陽と月と九つの星をあしらった太陽系を表し、講堂の内と外との「世界の融和」を象徴している。関東大震災の影響もあり、計画から約五年を経て、昭和二年一〇月二〇日に落成した。平成一九年に国の重要文化財に指定される。

大隈重信の文明運動と教育論

政治家・大隈重信が有名すぎて、文明の推進者としてはあまり論じられていないが、大隈は明治文化に関心を持ち、近代化に熱心であり、この分野で重要な役割を果たした。その功績は大きい。わが国の近代化成功の要因の一つが、全国津々浦々にまで普及した義務教育制度であることは周知の通りであるが、実はここにも、大隈重信の理想が脈打っている。

大隈は前述のように、フルベッキから影響を受けて自ら致遠館を経営するなど、新文明に対する並々ならない吸収意欲を持ち、不断の修養と学問への研鑽を怠らなかった。

この教育制度の出発点となった「学制」の立案については、大隈らの尽力もあり、そして政府顧問であったフルベッキも貢献した。一八七二（明治五）年六月、「学制」案文が成立した。しかし実施に当たっては、直ちに実施したいと考える大木喬任ら文部省側に対して、大蔵省側は国庫がひっ迫しているので実施を急ぐべきではないと強く反対した。この時、大隈は賛成派となって大蔵省を説得し、学制が実施に移される。このような大隈の熱意は、独自の教育論に基づくものであった。

「かくの如きもなお余の持説を譲らず、遂に大木を助けてその〔学制〕発布を断行せしめたるは、けだし自己の経歴において深く教育の欠乏を感じ、少年子弟をして再び余の轍を踏まざらしめんとの情、甚だ切なるによりしなり」と大隈伯昔日譚で述べている。

つまり、大隈自身の教育理念は早い時期から、四民平等かつ女性をも対象にした教育の必要性を感じていたもので、それが「学制」に結実したわけである。大隈の先見性と行動力の賜物である。この「学制」は、岩倉使節団の帰国と田中不二麿、モルレーらによって、七年後には「教育令」にとって代わられる。しかし、もし「学制」が実施に移されていなければ、次の改革もそれだけ遅れたのは間違いない。それゆえ、明治五年の大隈の行動と尽力の意義は、見過ごされるべきではないだろう。

そして、明治一五年、東京専門学校を設立し、政治経済学科、法律学科、理学科それに英学科を置いた。前の三学科は「邦語教育」をキャッチフレーズにし、経済的、速成的、効率的に指導的人材教育をめざした。

ただし、英語をないがしろにするということではなく、英学科を兼修できるようにしたわけである。また、いまの理工学部の前身である理学科は創立時に設けられたが、学生が思うよう集まらず、二年半で廃止され、復活したのは大隈重信が総長に就任した一九〇七（明治四〇）年になってからであった。

一九〇八年（明治四一）年には浮田和民らがスタッフとなって大日本文明協会を設立して、大隈は会長に就任する。「東西文明の調和」をねらいに、欧米の最新名著の翻訳出版、文化講演会、時局講演会を開催した。日本の文明を欧米の知的水準まで高めるという意味合いが強いものであった。それにより文化意識の高まりと新しい国民像を創り上げることが大隈の願いであった。大隈は一度も外国に行かず、雄弁家で、五〇余冊も出版しながら直筆を残していないが、政界だけでなく文化界にも顕著な影響を与えた。

その大隈重信は「私の理想は東西文明を調和することにある」という言葉を残しているが、総理大臣になる前には外務大臣を経験し、一世紀以上も前から世界共生の大切さを訴えていた真の国際人でもあったのである。

大隈重信が新島襄の大学設立運動を支援

新島襄の総合大学設立運動は渋沢栄一の支持が得られたのが何としても大きいが、それを演出し、新島に協力したのが大隈重信と井上馨である。

一八八八（明治二一）年七月十九日、井上馨、大隈重信、前・現外務大臣二人の尽力で、大学設立資金募集の説明会が大隈外務大臣官邸で行われた。新島襄は湯浅治郎、徳富猪一郎（蘇峰）金森通倫・加藤勇次郎を伴って出席し、設立の趣旨を説明し、その援助を求めた。

このとき井上が自ら筆をとって勧進帳をつけ、かくして一夜にして合計三万一千円という大金が集まった。

これはもとより、新島の熱誠と弁舌が有力者を動かしたものであるが、大隈や井上が、この年事前に同志社英学校を視察し、実地に同志社英学校の順調な充実ぶりを見ていたことも信頼を与え、他に同調者を増やす結果につながった。特に井上が援助を惜しまなかったのは、欧化主義の一端として、キリスト教を日本に輸入する必要を感じていただけに、新島の同志社は、その対象として適切な機関であろうと認めたからだといわれる。また慶應義塾の隆昌が、民間のあらゆる方面に手をのばし、その出身者があまりにも有力であったので、これの牽制のために援助したという一面もあったようである。当時の早稲田はまだ学校が設立されたばかりで、今日のような隆昌はそのころにはまったく予想されていなかったわけである。

この日のことを、大隈自身が「二十回忌に際して新島先生をおもう」で次のように言っている。

「(略)今の井上侯が外務大臣のとき、条約改正の必要から、わが社会の各方面の改良を企て、いわゆる文明的事業に対しては、極力力を尽くした。そこで新島君は、まず井上侯にその目的と計画を話し尽力を願った。君の精神に感動した侯は、大いに力を尽くすつもりでいたが、二十年の暮、突然内閣をひくこととなり、翌二十一年の春、わが輩が代わって外務大臣になった。

いったん引き受けた以上、途中であいまいにし得ないのが侯の性格で、その種々な事務を引き継ぐとともに、新島君からの依頼の件をわが輩に紹介した。君が非凡な人物であること、教育に対して熱烈な精神を有すること、私立大学設立の計画を立てたことなど、ことごとくわが輩に話し、このような人物により企てられた、このような事業を是非成功させたいから、共に尽力してくれということであった。

新島氏のために名士を官邸に呼ぶわが輩は、十五年以来すでに数度会って、君の人となりも知っていた。ことに教育については、わが輩生来の関心事で、当時すでに、数年間東京専門学校経営の経験があった。したがって、深く新島君に同情し、直ちにこれを承諾した。大いに尽力しようということで、井上侯と相談の上、ともかくわが輩の官邸に、当時の実業界の有力者を集めることになった。その主なものは、渋沢栄一君、故岩崎彌之助君、益田孝君、原六郎君、その他大倉喜八郎、田中平入などの諸君十数名も見えたが、井上侯もわが輩と共に、主人役として列席した。

そこでわが輩は、新島君の計画を一同に紹介し、教育は個人の事業でなく、また政府の事業でもなく、国民共同の事業であるから、資力のある人は率先して、これを援助されるよう望む旨を述べた。次いで新島君は、この事業を企てるに至った精神を話したが、その熱誠と気迫に、一同感動しないではいられなかった。

列席の人びとは、これに動かされて直ちに応分の寄付を約した。井上侯もわが輩も寄付をすることになり、非常に少数の人ではあったが、それでも即座に三万円近くになった。

（略）当時の一千円は、今の数千万円に当たる価値がある。それが即座に、三万円近くも集まったというのは、新島君の至誠が人を動かしたというよりほかはない」。


大隈重信が「学校経営は個人の事業でもなく、また政府の事業でもなく、国民共同の事業である」という同志社の大学昇格を支援の応援演説は、新島らを感激させ、勇気づけたのは事実である。

新島襄の弟子たちの早稲田での活躍

前述のように大隈は創立者でありながら、一八八二（明治一五）年一〇月二一日の東京専門学校の開校式には出席しなかった。病気ならともかく、創立者が欠席する開校式など考えられないが、それほど、大隈が下野した当時の政界は緊張し、政府の監視が厳しかったようである。以後、大隈は開校以来一五年間、ただの一度も学校で登壇したことはなかった。

開校式は、福澤諭吉・外山正一ら来賓が多数出席して盛大に執り行われ、小野梓は大隈の専門学校創立の理念を代弁して、「学問の独立」とともに、不偏不党にして真正の学問を研究し、教授する東京専門学校の発足を宣言した。

邦語教育の評判もよく、順調にスタートしたかに見えた東京専門学校であるが、「明治一四年の政変」が尾を引き、引き続き政権側からの弾圧が続いた。小野、高田らが困ったのは、開校後も専門学校で講義をする講師が嫌がらせを受けたために去っていき、一時は教員不足が深刻になったことである。一八八三（明治一六）年、文部省は法令をもって判事、検事および東京大学の教授が私学に出講することを正式に禁止したことも響いた。それによって、開校間もない東京専門学校の講師陣の補充に大きな支障をきたしたからである。

そのような中で、同志社出身の新島門下であった**家永豊吉**、**大西祝**《はじめ》、**岸本能武太**《のぶた》、**浮田和民**、安部磯雄らが、中核教授として招かれ、教壇に立った。結果的に新島が大隈から受けた恩義を、弟子たちがこういう形で返すことになったわけである。

まず、家永豊吉は一八九〇（明治二三）年一〇月、政治学科講師になり、最新のアメリカ政治学の導入に功をなし、高田早苗（後の早稲田大学学長）にも大きな感化を与えた。高田は家永の勧めで、当時、立憲改進党に所属する衆議院議員の田中正造を伴って同志社を訪問し、同志社チャペルで「小説談」と題し、演説している。大隈が外務大臣の時、高田が外務省通商局長になるが、家永も乞われて外交官になり、外務省翻訳官を務めている。台湾総督府での勤務を経て、一九〇一（明治三四）年、シカゴ大学から招聘され、政治学担当の教授として渡米し、以後日米の友好に尽力した。大西祝は同志社英学校をトップで卒業し、東京帝国大学大学院で倫理学を修めた。在学中は外山正一に師事し、卒業論文の「良心起原論」が注目された。一八九一（明治二四）年、東京専門学校の教授になり、哲学、心理学、論理学、美学を教え、坪内逍遥と共に早稲田文学の土台を築いた。東大同門の井上哲次郎らの国家主義的哲学派に反対し、キリスト教主義を擁して井上らに強い批判的精神で挑み、市民哲学者を貫いた。また、島村抱月、網島梁川、朝河貫一、金子築水、中桐確太郎らの文学部の俊英の弟子を育てた功績は大きいといえる。坪内は大西の残した業績を「雪間に閃く竜の金鱗」と言っている。

岸本能武太は大西の同郷・岡山の後輩で、大西の誘いで東京専門学校に入り、社会学、印度哲学、英語学の担当教授として重きをなした。岸本の薫陶を受けた正宗白鳥は「岸本先生は我々のために、英語研究の道を開いてくれた。私は小学校卒業以来、早稲田の文科を卒業するまでに、教師としての岸本氏ほど生徒のためを図って忠実であった人を、他に知らなかったのである」と回想している。

浮田和民と安部磯雄を同志社から早稲田に呼んだのは、大西と岸本だと言われている。浮田和民は熊本洋学校時代、花岡山で「奉教趣意書」に署名した「熊本バンド」の一人である。同志社の教授になったが、内部抗争に巻き込まれ、安部磯雄と共に一八九七（明治三〇）年に東京専門学校へ移った。大隈重信からその識見と人格を高く評価され、学内の重鎮として政治学、西洋史を講義した。また、総合雑誌「太陽」の主幹となり、時代のオピニオンリーダーとして活躍した。東京大学の吉野作造は自分のデモクラシーに影響を与えた人物として「早稲田大学派」の思想家としての浮田和民を高く評価している。「大隈の懐刀」といわれ、早稲田での教職は四四年の長きに及んだ。

安部磯雄は、一八九九（明治三二）年に同志社から東京専門学校へ移り、教授となった。早稲田の「安部球場」と球場に名前がついているように、「学生野球の父」として名をなす。また、日露戦争に反対し、数少ない「非戦論」を展開したり、唯物論的社会主義と一線を画した人道主義的社会主義者として、社会民衆党を創立した。

このように、東京専門学校から早稲田大学への基盤作りに、同志社からの五人の人材移入が、大隈への間接的な手助けとなった。これは亡き新島襄から大隈への返礼のように思われる。現在でも、両校では学生の相互交換留学などで交流を密にしている。

家永豊吉（一八六二〜一九三六）
「熊本バンド」の一人。同志社英学校へ入学後、中途退学し、アメリカのオベリン大学へ留学。その後ジョンズ・ホプキンズ大学でPh.D.（哲学博士）を取得。東京専門学校（現在の早稲田大学）教授、慶應義塾大学教授を経て、シカゴ大学の教授になった。

大西祝（一八六四〜一九〇〇）
岡山県西田町に生まれた。同志社英学校に入学し、新島襄により受洗。一八八四（明治一七）年、同志社卒業後、東京大学へ編入学、帝国大学文科大学哲学科を首席で卒業する。大学院で倫理学を専攻し、「良心起原論」を著す。一八九一（明治二四）年、東京専門学校教授を経て、ドイツへ留学。病のため帰朝し、明治三三年京都帝国大学教授となったが、病が回復せず、三六歳の若さで永眠。

岸本能武太（一八六六〜一九二八）
岡山県に生まれる。一八八〇（明治一三）年同志社英学校へ入学し、英語学科を卒業。一八九〇（明治二三）年ハーバード大学に留学し、宗教哲学、比較宗教を専攻した。一八九四（明治二七）年東京専門学校の教授になり、比較宗教学、英語を担当した。英語学部主任として優秀な人材を育成した。宗教学者の岸本英夫（東京帝大教授）は令息である。

浮田和民　（一八五九〜一九四六）
熊本バンドの一人。同志社第一期卒業生で、新島襄の影響を強く受ける。卒業後イエール大学に留学。帰国後、同志社教授を務めるが、学園紛争で安部磯雄らと早稲田大学教授に転出。月刊雑誌「太陽」の主幹となる。坪内逍遥は浮田の学才を評して「早稲田の至宝」と言った。

大学野球の創設と早慶戦

同志社から早稲田に行った教授の中で、際立って著名なのが安部磯雄である。安部は早稲田の野球部長として早慶戦を開始したり、アメリカ遠征を実現させたりする。日本の学生野球を組織化し、日本学生野球協会の初代会長になり、「学生野球の父」と言われた。
安部は福岡県に生まれ、英語を学ぶために同志社に入学した。新島襄の影響を強く受け、一八八二（明治一五）年、新島から同級生の岸本らと受洗した。一八九一（明治二四）年、岡山教会の援助でアメリカへ留学、ハートフォード神学校を卒業し、さらにベルリン大学にも学ぶ。帰国後、一八九七（明治三〇）年に母校・同志社の教授になるが、自らが会衆派からユニテリアンの自由主義神学へ傾倒していったことと学内の内紛とが重なり、二年後に東京専門学校へ転じた。以後東京を自らの活動の場と定め、大学では英語、倫理、地理、社会政策、都市問題など多くの科目で教鞭を執った。

安部はハートフォード神学校に留学中はテニスに熱中し、健康、健全娯楽、そして修養を身をもって体験してる。一九〇一（明治三四）年に体育部長に就任すると、野球部を創設し、野球を精神修養に優れたスポーツとして、「野球の三徳」に「判断、調和、勇気」を掲げ、学生たちを鼓舞した。一九〇四（明治三七）年の夏、早稲田野球部が一高、慶應、学習院、横浜外国人チームを連破して、実質日本一になった。その年、安部は大隈に対し、早大野球部のアメリカ遠征を願い出た。それは安部がかねてから野球部員に対し、「君たちが日本一になったらアメリカに連れて行ってやる」と約束していたからである。

安部が学生との約束を履行するに当たって困惑したのは、当時、日露戦争の時期にあって、きわめてタイミングが悪いことであった。しかし安部の申し出を聞いた大隈はその計画に賛意を表し、これを実現するよう大学に指示した。その費用の五五〇〇円は、大隈の口聞きで大学が引き受けた。大隈は、日本学生野球がアメリカに遠征することによって、日米間の友好関係が増進され、結果として日本の対ロシア戦争にも有利に働くと考えたのである。大隈の広大な視野とその先見性を裏づける話である。一行は翌一九〇五（明治三八）年四月、横浜を出発して、約三カ月間アメリカ各地で、実に二三試合を行った。試合結果は七勝十六敗であったが、部員はこれらの試合を通じて盗塁やバントの技法を学び、また選手交替の制度があることを知る。わが国野球史上、画期的な成果であった。

一行は行く先々で在留日本人はもとより、アメリカ人の大歓迎を受け、大隈が意図した日米親善の役割を遺憾なく果たすこととなり、見事な国民外交の成果を上げた大隈の先見性は見事であった。これを機に安部は、「学生野球の父」として日本国内に知れわたることになった。

安部は知・徳・体を一身に具現化した人間像を追求したわけで、大隈重信の信頼が厚く、早稲田では体育部長の他、高等学校校長、政経学部長、理事などの要職も務めた。

また、政治家としての安部磯雄はキリスト教社会主義を奉じ、「日本の社会主義の父」ともいわれている。社会民衆党を結成し、初代委員長になり、戦後は日本社会党の結党に尽力した。片山内閣成立の影の功労者になる。

片山哲は、「安部磯雄の思想、人格は新島先生によって形成された」（片山哲『安部磯雄伝』）と言い、さらに「デモクラシーの信奉者をあげれば、新島襄を第一にあげざるを得ない」と断言している。その意味でも安部は新島の忠実な弟子であり、後継者といえる。安部の思想（キリスト教社会主義）や学生野球で示した行動の背景に、リベラリスト、デモクラティックの原理が働いていたことは間違いない。

このように、多方面で活躍した安部であるが、八四歳で亡くなるまで、生涯、新島襄を慕い、恩師の年齢を現在九〇才など自分の手帳に書いていたのが残っている。安部は常々、「こんど天国で新島先生にお会いするとき、安部さんよくやってくれましたねと先生から言われるのが私の願いです」と語っている。

そして安部は、永眠後一〇年を経た一九五九（昭和三四）年に、野球殿堂入りを果たした。その顕彰文には「一九〇一年早稲田大学野球部を創設し次いで第一回渡米を敢行す。以来一貫して学生野球の育成に努め「学生野球の父」と仰がれる」とある。さらに早稲田の安部球場跡には安部の貢献を顕彰し、胸像碑が立てられている。

安部球場（戸塚球場）で忘れられないのが早慶戦である。最初の早慶戦は一九〇三（明治三六）年に義塾の三田綱町グラウンドで行われ、11対9をもって慶應が勝った。この時、始球式を務めたのは大隈重信であった。

安部磯雄顕彰碑
（旧安部球場）

その後、大正一四年に東大も加わり、東京六大学野球連盟が結成された。さらに各地のアマチュア野球の形成・発展、そしてプロ野球の発足へと続く日本野球の発展に、安部は大きく貢献し、またその礎となった。こうした歴史からマスコミが早慶戦に触れる際に、「伝統の早慶戦」のように「伝統の」という言葉を冠することが多くなった。このように早慶野球戦は両校の対抗意識を醸成し、結果として後年には、その他のスポーツや学術分野にまで早慶両校間の対抗・連携にまで影響を及ぼし、発展した。

第二次世界大戦前、東京六大学野球、特に早慶戦は、圧倒的な注目を浴びていたが、戦時体制が強まり、「外来のスポーツ」である野球自体がやり玉に上がり、一九四二（昭和一七）年秋季リーグをもって、六大学野球連盟は、文部省によって解散させられた。

しかし、両校の関係者の熱意は冷め難く、学徒出陣が間近に迫る中で、慶應義塾長の小泉信三と早稲田大学野球部顧問の飛田穂洲の努力と支援を受け、最後の「涙の早慶戦」が昭和一八年一〇月一六日、非公式戦という形で、戸塚球場（後の安部球場）で開催された。

第六章　新島襄のめざした総合大学と同志社の良心教育

キリスト教主義の同志社を創立

幕末、新しい時代の到来を予期した志士を中心にした英学ブーム、新技術の到来とともに、キリスト教による精神文化に触れることもようやく認知され始めた。そのきっかけは岩倉使節団の働きかけでキリスト教が解禁されたことであり、そして直接的な出来事は、新島襄が帰国後に官許同志社英学校を設立したことであった。

このことは一私学の設立という出来事にとどまらず、今まで認知されていなかったキリスト教主義私学を国として認めたことだった。その意味で、新島と木戸孝允、森有礼、田中不二麿との交友関係もさることながら、新たな精神文化を日本へ持ち込んだ新島襄の固い信念が実を結んだといえる。

また、新島襄が東京ではなくて関西で同志社設立に至ったのは、**アメリカン・ボード**(1)の基盤がすでに神戸を中心に根を下ろしていたことと無関係ではない。自ら宣教師を兼ねての大学設立運動であったし、ボードの支援なくしては無理だったわけである。当初は大阪での設立を考え、木戸孝允の紹介で渡邊知事と交渉に入ったが、知事がキリスト教主義教育に難色を示し、進展しなかった。そこで、京都府顧問・**山本覚馬**との出会いから、京都設立になるのであるが、新島を槇村正直参事に紹介したのはやはり木戸孝允で、山本覚馬を紹介したのは勝海舟であった。山本が槇村を動かしたばかりでなく、自らも同志社人となり、新島を支援した。

さて、新島襄が卒業したアーモスト大学は一八二一年に創立された、リベラルアーツ・カレッジであり、彼が設立する同志社大学のモデルになったのはいうまでもない。新島精神の根底にある自由、自治、自立による良心教育を、同志社の理念にすえる。

同志社大学
クラーク記念館

クラーク記念館は同志社のシンボルともいえる建物である。設計はドイツ人のR・ゼールで、アメリカのクラーク夫妻の亡き息子のメモリアルホールとして、ドイツゴシックを基調として、一八九三(明治二六)年に竣工した。平成一五年より平成一九年まで修理、復元工事が行われ、ドーマーウィンドーも復元され、内部にもクラーク・チャペルが設置された。国の重要文化財。

これはそのころ、シーリー教授を中心にしたアーモスト大学の教授、同輩、友人たちから培われたものである。そして、それは単なる観念的なものではなく、アーモスト大学での寮生活、そして実社会を通じて実践的に身につけたものであった。全人教育としてのリベラルアーツ教育は、神学、哲学、法学、医学という伝統的な学問だけでなく、農業、林産、ビジネス、ジャーナリズムといった職業分野も新しい学問分野に含まれた。日本の多くの大学の一般教養課程で見られるような一方的な知識の詰め込みとはまったく異なり、人格教育を含む基礎的な知的訓練を通して、真に高い教養を身につけ、自立した人間を育てることを目的としている。このように、新島の理想とした人間教育は、キリスト教とデモクラシーを基本とし、知育を重視しながらも知育に偏することなく、知育を正しく運用することができる徳育並行の教育を求めたわけである。

注

(1) 米国の会衆派教会の人びとが中心となって、海外の伝道を目的として一八一〇年に設立された。当初は Williams College の学生が中心であったが、後に長老派教会やオランダ改革派も参加した。新島襄が学んだアーモスト大学、アンドヴァー神学校ももちろん会衆派である。トルコ、中国、日本への伝道に力を注ぎ、同志社にも金銭面で援助した。新島の永眠後、ボードとの間に深刻な対立が生じ、大隈重信に仲介を仰いだ。

山本覚馬（一八二八～一八九二）
会津藩士。佐久間象山、勝海舟を訪ね、蘭学、様式砲術を研究。会津藩蘭学所を設置し、会津軍近代化に功をなした。禁門の変では砲兵隊の指揮を執ったが、鳥羽・伏見の戦いで捕らえられ、薩摩屋敷に幽閉される。失明と脊髄を損傷しながらも、口述筆記の「管見」と題する経世論が認められ、京都府顧問、府会議長や京都商工会議所会頭として活躍した。キリスト教に共感、新島襄と同志社創立に関わった。

新島襄の運命を左右した函館からの脱国

新島襄の足跡をたどってみよう。新島襄は一八四三（天保一四）年、安中藩の江戸神田一ッ橋の藩邸（東京神田一ッ橋の学士会館沿いに生誕碑がある）で父民治、母とみの長男として生まれ、幼名を七五三太《しめた》といった。新島襄には常人と異なるいくつかの特徴があるが、それを年代別にまとめてみると、①幼少時より好奇心と研究心が強かった。②死を覚悟した冒険心（脱国）③名利栄達を断る。④私立の総合大学設立の執念。⑤自由・自治・自立にこだわる、の五つが挙げられる。

若き日の新島襄は、封建的な幕藩体制に対して批判的な気持ちを抱き、自由を求め、国禁を犯して密出国した、ほかならぬ倜儻不羈《てきとうふき》（独立不羈）の丈夫だったのである。

一二歳のとき、藩主**板倉勝明**から抜擢されて、田島順輔に蘭学を学んだ。次いで日本の将来のためには海軍の創設と、外国貿易を促進するためには洋風艦船の製造が必要であると考え、幕府の軍艦教授所に入る。二年間猛勉強した結果、数学、代数、幾何学、また航海学の基礎理論を習得した。そして一八六二（文久二）年には、備中松山藩の洋式帆船・快風丸に乗船して、二ヵ月間の航海をする。このように、新島は、幼少時より勉学心旺盛で、藩主の理解もあって、順調に勉学の機会に恵まれた。軍艦教授所では生徒世話役にもなり、本人の願望としてはさらに上をめざしていたが、あいにく麻疹《はしか》にかかり、それが原因で視力が低下し、軍艦教授所の休学を余儀なくされる。

そしてそのころ、新島の、将来を左右する出来事が発生する。新島襄が一八六五（慶応元）年にハーディー宛てに書いた「密航理由書」の中で、新島が当時を振り返って「なぜ幕府は我々を自由にしないのか。なぜ我々を籠の鳥か袋の鼠のようにしておくのか」と封建的な幕藩体制に対して批判的な思いを述べてる。いつしか、自由を求めて羽ばたくことを夢見るようになるのである。

江戸での勉学中、江戸湾に並ぶオランダ軍艦を見て先進国との力の差を強烈に印象づけられたり、アメリカ合衆国の歴史や政治、経済、文化等を書いた『連邦史略』や、自立した生き方を描いた『ロビンソン・クルーソー』や、当時は禁じられていたキリスト教の書物や『漢訳聖書』などを友人から借りて読んだりして、自由の大切さを知り、単に自由への憧れだけではなく、行動に移す決意をするに至る。『連邦志略』を繰り返し読み、「脳髄が頭からとろける出る程驚いた」と書き、日本の幕藩封建制度を批判しながら、大統領制、無月謝学校、貧民救護所などに感激する。『連邦志略』

が密航計画の具体的動機となったことは間違いない。

そして、一八六四（元治元）年三月、新島は快風丸が函館に行くことを備中松山藩士の友人から聞き、矢も盾もたまらずに安中藩目付役・飯田逸之助に会って、藩主からの許可と両親への説得を依頼した。これに成功して、新島は快風丸で函館に向かう。表向きの目的は眼病治療と英語、航海術を学ぶためであった。

函館で、まず武田塾の菅沼精一郎（長岡藩）の紹介で、ロシア領事館の**ニコライ**に会う。ニコライは彼の日本語教師・木村謙斉が去った後で、後任者を探しているところだったので、新島は早速後任に選ばれ、日本語と日本の歴史の先生になる。ニコライ邸には四〇日逗留し、寝食を共にする。彼はすっかり新島が気に入り、眼病を患っている新島のために、ロシア領事館が建てた病院で名医・ザレスケーから治療が受けられるように取り計らってくれたり、英語の先生として、自分の他に駐在武官のピレルーレンをつけてくれたりもした。新島はニコライの日本語講師として「古事記」を読み、ニコライからは英語や世界情勢を教わり、二人の相互信頼関係は深まる。新島はニコライに国外脱出の決意を打ち明けるが、ニコライは反対し、英語だけでなく聖書を教えるからと懸命に説得する。しかし新島の意志は変わらなかった。

新島が函館でニコライと過ごしたわずかな期間は、眼病の完治や英語の上達など、新島にとって渡米前の準備としてきわめて貴重な時間となった。このころ、新島は**沢辺琢磨**と彼の友人でアレクサンダー・ポーター商会の店員であった**福士卯之吉**に出会い、急速に親しくなった。そしてこの福士の紹介で、アメリカの商船・ベルリン号のセイヴォリー船長に会うことができたのが新島にとっては幸いであった。

その時のことについて新島は「彼の国の学問修行いたしたく、且つ地球を一周せんとの志願を談ぜしかば、彼深く我の志に感し、遂に小子の志願を遂げしめん事を答え、且つ来る一五日の未明に彼の船当港を出帆せん由にて、一四日の夜九ッ時迄に彼の船に乗込むべき由を約束した」と書き残している。

一八六四（元治元）年七月一七日の夜、菅沼精一郎、沢辺琢磨、そして沢辺の友人福士卯之吉の三人の協力で、新島の脱国は実行される。小船で、新島とアメリカ商船ベルリン号へ直接向かったのは福士であった。そして、セイヴォリー船長が待ち構えている船長室へ身を隠した。このようにして、新島の運命を左右した脱国は成功した。新島は帰国後、脱国時に直接世話になった福士卯之吉には手紙を書いたり、会って親しくしているが、ニコライと沢辺には会っておらず、没交渉であった。

板倉勝明（一八〇九〜一八五七）
新島襄が仕えた安中藩主。新島は、板倉を日本の藩主の中では「もっとも優れた学者」と見て敬慕した。学問を好み、田島順輔、添川廉齋、山田三川などの学者を招いた。厖大な『甘雨亭叢書』を編纂した。

ニコライ（一八三六〜一九一二）
ニコライ・カサートキンと呼ぶのが通例である。一八六一（文久元）年に二五歳で函館のロシア領事館付の司祭として来日。以後精力的に正教の布教に努めた。函館で、新島襄から日本語教授を受ける。沢辺琢磨を弟子にする。日本ハリスト正教会大主教として熱心に伝道を行い、神田ニコライ堂を建設。この東京復活大聖堂は、国の重要文化財である。

沢辺琢磨（一八三五〜一九一三）
高知県出身。坂本竜馬の従兄弟、新島襄の函館脱国時の恩人の一人。ニコライの弟子になり、日本で最初の日本ハリスト正教会の信者となる。司祭となり各地で布教。

福士卯之吉（一八三八〜一九二二）
新島襄が函館から脱出する際の恩人。英商ポーターの支配人。旧姓は続、福士家の養子。英語を修学し、函館府の外国局を経て、開拓使主典を務める。

教育を通じて国家に奉仕する

新島は、国禁を犯して函館からの脱国に成功し、上海でアメリカ船ワイルド・ローヴァー号に乗り換え、アメリカへ向かう。香港に上陸した際、ティラー船長に小刀を買い取ってもらった金で、漢訳の新約聖書を購入し、感激する。一八六五（慶応元）年七月、函館を出て一年後に、ようやくボストンに到着した。新島にとって、函館脱国の成功が第一の天の恵みとすれば、第二の恵みはワイルドローヴァー号の船主**A・ハーディー**夫妻との出会いとその後の支援である。

新島は夫妻から真の親以上の慈愛を受けて勉学に励むことができたからである。新島はまず、フィリップス・アカデミーで学び、一八六六（慶応二）年には正式にアンドヴァー神学校付属教会で洗礼を受ける。そして翌年に最高学府、**アーモスト大学**(2)に入学する。大学では、J・H・シーリー教授を中心に教育を受け、その後の人生における精神的、人格的形成に決定的な影響を受ける。アーモスト大学卒業後、さらにアンドーヴァー神学校でキリスト教の研究に専念する。新島はシーリーを生涯の最大の恩師として尊敬するが、シーリーもまた、「ゴールドにメッキするわけにはいかない」というきわめて短い「新島評」を残している。

また、アーモスト大学は、新島を「アーモストの輝かしき息子」と称え、その肖像画をキャンパス中央にそびえるチャペルの正面壁に今も掲げている。

一〇年近くに及んだ米国生活で新島襄は、最良の学校教育を受ける幸運に恵まれただけでなく、前述した岩倉大使一行の欧米視察に案内役として随行してヨーロッパの教育・文化を視察し、欧米各国の学校制度を視察する機会にも恵まれた。

アーモスト大学チャペル

新島はアーモスト大学で理化学を学び、物質文明を理解した上で、精神的文化の優位性を当時誰よりも早く理解していた。新島襄が大学を創ろうとした理由は、約一〇年間の米国での勉学と、それに続く欧米教育視察（岩倉使節団）を通じて確信した、「教育を通じて国家に奉仕する」という愛国心と使命感にあることは間違いない。

注

（2）一八二一年創設の私立の名門大学。会衆派系のリベラルアーツ・カレッジで寮制度を採用し、少人数教育を徹底している。日本人では新島襄の後輩に神田乃武、内村鑑三、樺山愛輔らがいる。

Ａ・ハーディー（一八一五〜一八八七）
ボストンのクリスチャン実業家で新島襄の養父。銀行頭取やハーディー商会などの経営者として著名な資産家。それを海外伝道や教会、キリスト教教育などに惜し気もなく献金した。アメリカン・ボードの役員を長年務め、新島から「日本ミッションの父」と評価された。

民主主義の種をまいた新島襄

民主主義のルーツをたどると、どうしてもキリスト教に根源があることがわかる。日本における民主主義の歴史はどうだろう。初めて日本にその概念が輸入されたのは、明治維新のときである。維新の薩長政権の指導者たちには、日本を近代国家に生まれ変わらせるためには、国の制度を根本的に変革する必要があることが、痛いほどわかっていた。岩倉使節団はまず、民主主義の手本は欧米列強にあり、これらの先進国と同等に付き合うためには欧米の「議会制民主主義」という制度を導入する必要があるということを知ったのである。

アメリカで大学教育を受け、キリスト教と民主主義を体験的に理解していた日本人は新島襄が最初である。新島襄がアメリカにいる間に、最も影響を受けたのはニューイングランドの地を育んだピューリタン精神である。民主主義とキリスト教が密接不離の関係であることを学んだのである。

新島襄と愛犬・弁慶

このように、近代民主主義は一見、宗教とは関係のない政治思想にみえるが、プロテスタント、ピューリタン宗教あるいは信仰抜きでは生み出し得なかった政治思想なのである。

米国へ渡り、自分と同じような経験をしたニューイングランドの人たちが見事に、自由と自立を勝ち取ったことを目のあたりにしたわけだから、新島は、自治、自立のピューリタン精神を体感できたのである。イギリスの国王専制支配から逃れた人たちが造った国がアメリカであり、「全体主義ほど危険なものはなく、官僚主義ほど有害なものはない」を実感できたわけである。

また、大隈重信にも大きな影響を与えたのが、アメリカ独立宣言と民主主義の確立である。同志社を創立した新島襄は、京都で民主主義を実践する。アメリカン・ボード、京都ステーションでの伝道活動、会衆派教会（組合教会）の設立、学生への講義などが行動の主なものである。

一八八一（明治一四）年、**槇村正直**知事が京都知事を辞任し、代わって北垣国道が知事となったことが新島や同志社にとって大きな支援になった。北垣は新島の強力な後援者になると共に、北垣からは令息の教育を依頼されるなど個人的にも親しい関係になった。

そして、京都市内の大劇場で宗教講演会を開くことを許可された。明治一三年九月から学術講演会との名目で演説会が行われていたが、明治一四年五月一七日には基督教大演説会が京都四条北の芝居小屋で開催された。弁士は新島襄、金森通倫、浮田和民、山崎為徳、D・W・ラーネッド、ゴードン、宮川経輝、森田久万人らであり、四〇〇〇人の京都市民が集まった。こうした学術講演会や基督教大演説会の開催も民主主義の実践であり、言論の自由を身をもって示した。特に新島襄らによる「キリストなき国は自由なし。自由とは、個人の精神的自由ではなく、思想・学問・宗教・言論・結社・選挙などの政治的自由である。そのような政治的自由を持った市民が国政をつかさどる民主主義国家を理想とし、日本をこのような自由制度の国にし、日本と東洋に文化の光を輝かせたい」という主旨の演説は、市民に強い感銘を与えた。

槇村 正直（一八三四〜一八九六）
長州藩下士出身。藩祐筆役を経て、議政官史官試補となる。京都府に出仕し、権大参事、大参事、参事などを歴任し、一八七五（明治八）年七月、京都府知事となる。東京奠都後の京都復興に尽力した。一八八一（明治一四）年、元老院議官となり、行政裁判所長官、貴族院議員を歴任した。

知育・徳育並行教育の総合大学

岩倉使節団で欧米の教育事情を視察し、見識を高めた新島に、強く関心を抱き注目していたのが、日本人では木戸孝允と森有礼であった。帰国後の日本で新島の活躍を一番期待したのはこの二人と、田中不二麿であった。しかし、新島は帰国後、文部省へ高級官僚として強く誘われるが、名利栄達を断り、自らの自由、自治、自立の実現をめざして、私学設立の道を選ぶのである。

新島は政治、法律、諸科学、文化、宗教、そういう一切の問題を取り上げて学校をつくり、やがては大学をつくるという意志を持っていた。そして新島の理想とした人間教育は、キリスト教とデモクラシーを基本とし、知育を重視しながらも、知育に偏することなく、知育を正しく運用することができる品性の陶冶に重点を置き、それをキリスト教とコングリゲーショナリズムに求めたわけである。

新島は同志社英学校の建学の目的として「独り普通の英学を教授するのみならず、其徳性を涵養し、其品行を高尚ならしめ、其精神を正大ならしめんことを勉め、独り技芸才能ある人物を教育するに止まらず、所謂る良心を手腕に運用するの人物を出さんことを勉めたりき」と述べている。

さらに、「同志社教育の目的は、神学、政治、文学、自然科学などいずれの分野に従事するにせよ、どれもはつらつたる精神力があって真正の自由を愛し、それによって国家に尽くすことができる人物の養成に努めること」とその目的を明確に示している。

つまり、普通の英学（実学）としての「知育」だけでなく、精神的豊かさとしての「徳育」の重要性を強調し、良心を手腕に運用する人物の育成を目的にしたのである。それを実現する大学は官立大学では不可能で、「人民の手に拠って設立する」自由、自治、自立の私立大学の方が有利であると考えたのである。

神学部の他、法学部の設立がまっ先に浮上し、次いでキリスト教主義に基づく医学部（医学校）と近代産業を技術面で支える理化学教育（工学部）の構想が練られていく。

理化学教育については、新島襄が**下村孝太郎**に指示して構想を具体化し、その専用校舎がアメリカの実業家J・Nハリスの一〇万ドルの提供を受けて決まり、明治二二年一〇月、新島襄が出席して定礎式を行った。

しかし新島はその完成を見ず、その同年一月に大磯で他界してしまう。一八八八年から八九（明治二一～二二）年には、全校合わせて九〇〇人の若い男女が同志社で学んでいた。

次に、新島の大学構想に医学部が入っているのが注目される。医学教育の重要性を早くから認識し、まずアメリカン・ボードの援助を得て、病院（同志社病院）と看

同志社大学
ハリス理化学館

設計は英国人、A・N・ハンセルで、正規のイギリス式赤レンガが採用され、建坪一七七坪、延べ三四三坪である。理工学部発祥の建物であり、昭和五四年に、国の重要文化財に指定される。こうして一八九〇（明治二三）年七月に竣工し、ハリス理化学館と命名された。

護学校（京都看病婦学校）を一八八七（明治二〇）年に設けた。場所は京都御苑の西、今のＫＢＳ京都の近くである。しかし残念ながら新島の死後まもなく経営難のため廃止されてしまい、医学部構想も流れてしまうのである。

一八九一（明治二四）年ごろからキリスト教社会一般に対する国粋反動の影響を逃れることができず、同志社全体の経営上の問題があったことが、病院経営から撤退することになった理由である。何としても新島襄の遺志を継いで持続したいというのは同志社理事会など関係者一様の考えであったが、当時の同志社の財政事情がそれを許さなかったのである。残念な事態ながら、遂に明治三八年に同志社病院は閉鎖された。なお、看護学校は存続し、同窓会代表の不破ユウ（二期生で不破唯次郎夫人、新島襄の臨終に立ち会う）らが懸命に奔走し、昭和二六年まで存続した。なお、不破ユウは明治三二年に開設された京大病院の初代看護長を務めた。

その後長年、医療薬学系の学部は同志社大学、女子大学では設置には至らなかったが、二〇〇五（平成一七）年に同志社女子大学に薬学部が設置され、二〇〇八（平成二〇）年には同志社大学に生命医科学部が開設された。積年の願いがようやく実現した。健康や医療に対する新島襄の想いが引き継がれ、結実したわけである。

同志社病院や佐伯理一郎の旧邸の跡地には米寿記念の一九五〇（昭和二五）年に設立された聖書の言葉「受るよりも与ふるは福也」と刻んだ石碑が今も残っている。

下村孝太郎（一八六一〜一九三七）
熊本県出身。熊本洋学校を経て同志社英学校に入学した「熊本バンド」の一人。同志社卒業後、アメリカ、ウースター工科大学に留学。ジョンズ・ホプキンズ大学大学院で、有機化学のレムゼン教授の指導を受ける。帰国後、新島襄の意を受け、同志社ハリス理化学校を設立。五年間教頭を務める。翌明治二九年、石炭化学分野で大阪舎密工業を起業し、大阪瓦斯、日本染料（現・住友化学）のルーツを創る。

同志社の国際主義

新島襄は自らがアメリカのアーモスト大学卒業ということもあり、創立以来、自由主義、キリスト教主義、国際主義を建学の理念として標榜してきたが、国際主義はその中の要として位置づけられていた。同志社創立以来の協力者であるアメリカン・ボードとの関係でいえば、宣教師を兼ねた教授陣、女子部の**メリー・F・デントン**などを通じて、日米の人的交流、絆は強いものがある。たとえば、栄光館、アーモスト館、ハワイ寮など同志社の象徴的な建築物は、すべて同志社創立以来のアメリカとの関わりがあり、とりわけ女子部はデントンを窓口にした、アーサー・ジェームス、エルドリッジ・ファウラーなどアメリカ人脈に依存していた。さらに、デントンによる民間外交は国際間、日米間の人的交流、活動の場となった。

したがって、歴史的には、初期同志社の国際主義はアメリカとの交流と同一視されてきたところは否定できない。また、新島は国際主義を標榜する上で、国際主義とキリスト教主義とは表裏一体と考えていた。つまり「キリスト教主義」が人と人との交流と相互理解を深め、「良心」を基にした共通の価値観をもたらすことができるという考えが基軸になっている。

また、国際主義は国家の枠を越えた共同の行動で互いの利益を実現しようとする立場であり、そこには人種、男女間、国家間の優劣は存在せず、平等の精神が根底になければならない。

新島は権力主義と対極に平等主義を位置づけていたが、京都市民の間で有名になったのが、新島の八重子夫人に対するレディーファースト振りである。馬車に夫人の手をとって先に乗せるなど、男性優位の姿勢は少しも見せなかった。新島の男女平等の精神を論ずる時、「新島の人格を変えた」といわれ、その出会いがなければ後の新島襄は存在しなかったといわれるニュー・イングランドの四名の女性の恩人、すなわちA・ハーディの妻スーザン、ミス・ヒドゥン、フリント夫人、シーリー夫人の存在とその影響は無視できないと思う。この四人から「学問に男女の別なし」という考えと、人間尊重、男女平等の思想が培われた。したがって同志社設立後も、特別に教育上男女の差別をつけた表現を一切していないし、外国人教師の立場を一番理解し、彼らを差別することなく、政府にその雇用自由を主張したのも新島である。新島は幕藩体制と長い間の士農工商という身分制度への反発もさることながら、偏狭なナショナリズムを超えて開かれた存在であることをめざしたのである。新島門下の学生では、同志社を卒業後アメリカの大学へ留学する者が多く、英語を駆使した国際人に巣立っていった。

メリー・F・デントン（一八五七〜一九四七）
一八八八（明治二一）年、アメリカンボード宣教師・同志社教員のゴードンの紹介で、新島襄を尊敬し、来日。一八九七（明治三〇）年に同志社幼稚園を創立。同志社女学校評議員、その後同志社理事となり学校経営に参画。静和館、ジェームズ館、栄光館などの建設の他、女子部の財政基盤確立に貢献、太平洋戦争中も帰国しなかった。「同志社女子部の母」といわれる。

外資に頼らない自主・自立が課題になる

アメリカン・ボードの支援を受けた同志社は、その経営が米国人支配を受けているのか否かという問題を抱えていた。それは米国人教師雇人問題の形で問われていた。この問題の解決で上京した明治一二年に、新島は初めて勝海舟と会っている。

この時、新島襄が同志社大学設立運動への支援の要請に対し、海舟はその取り組み姿勢を問題として、アメリカ資本に頼る新島の姿勢を批判して、戒告口調で自主、自立を促している。さらに、外務大輔森有礼から、アメリカン・ボードの資金ではなく自己資金によって学校を経営するならば外国人教師の雇人は自由であると、新島の外資依存からの転換を促している。

　このような勝、森との会見での助言もあり、次第に新島の姿勢も変化していく。その後、新島は一八七九（明治一二）年二月に、アメリカン・ボードの会長・書記長から八〇〇〇ドルの寄付を受けたが、明治一四年に新任の京都府知事・北垣国道の好意を得てから、地元京都での同志社に対する市民や保護者からの信頼も高まり、高等教育機関への期待が高まってきたのと比例し、政財界からの寄付も増加してきた。そして、明治一五年には同志社大学法学部設置に対して奈良県の山林王・土倉庄三郎から五〇〇〇円の寄付の約束を得るなどして、総合大学設立構想の実現に向け、着実に進展し始めた。

　前述したように、同志社を総合大学にする具体的な行動が徳富蘇峰の協力を得て起こされたが、民間の力で京都においてキリスト教主義の総合大学を創り上げようという新島の計画は、まず資金面でアメリカン・ボードにためらいがあり、それは無謀であると反対されたわけである。この時以来、新島は自主、自立を理念として、国内中心の設立基金の確保に向け、財界、有力者へと基金募集にシフトしていくことになる。

　一八七九(明治一二)年、同志社英学校の第一回卒業式が契機となり、同志社を「ミッション・スクール」であるかどうかをめぐって、宣教師の主導性がないという理由で、ボードと同志社の最初の論争が発生した。そして熊本バンドの第一回卒業生である山崎為徳、市原盛宏、森田久萬人が日本人教師として加わったことから、昭和一二年九月からボードに依存しない体制となる。教授陣の主導的な立場にいたラーネッドは、その時以来「教授会」が学校教務の運営に関し、実権を握ったことを認めている。しかし、明治二〇年まではアメリカン・ボードから毎年補助金が支給されていたので、学校経営として名実ともに新島をキャップとして自立し、日本人主体の理事会運営となったのは明治二一年からということになる。

新島は遺言で「日本人教師と外国人教師との関係についてはできるだけ調停の労をとり、両者の協調を維持すること。これまで私は何回も両者の間に立って苦労した。将来も教職員の皆さんが日本人教師にこのことを示していただきたい」とボードとの協調関係の維持を切望していた。

しかし、新島死去の八年後、明治三一年、**横井時雄**が同志社社長に就任したころ、学生に対する徴兵猶予の制度が学生募集を左右する問題になってきた。同志社の窮境を救うにはまず徴兵猶予の特典を得る必要から、同志社の綱領「本社の維持する学校は基督教を以て徳育の基本とす」との一カ条が障害となり、遂にこの一条を削除した。もちろん、同志社の教育方針を変更しようとするものではなかったが、その結果は、同志社建学以来の精神、キリスト教主義を放棄するに等しいとして、教会信徒だけでなく、アメリカン・ボードの宣教師側の反対と非難が集中した。

また、同志社とボード、宣教師との対立は、一つには、学校運営に関する理解の相違にあった。キリスト教の宣教のために託された資金は、その目的に向かって忠実に管理されなければならないというのがボードの主張であり、一方同志社ではそれは学校に寄附された資金で、理事会は学校を適切に管理するためにそれを運用すればよいと考えたのである。この見解の違いがボードや宣教師に不信の念を抱かせることになった。

そのための解決策は、具体的にいえばボードからの財政的独立であった。さらには信条における自由は、日清戦争前後のナショナリズムの中で、同志社が生き残るための自己防衛の主張でもあった。このような戦時色の強まりとともに、同志社とアメリカン・ボードとの関係も当事者間の努力にもかかわらず次第に悪化し、外交問題にまで発展した。

そのため、湯浅治郎ら同志社当局は当時外務大臣の大隈重信へ懇請し、仲介を依頼した。大隈は日米関係にも影響するため、同じく同志社の支援者である渋沢栄一とも相談し、(『渋沢栄一伝記資料』(第27巻第2編第4章教育))調停に入り、解決に導いた。以来大隈は同志社の社友になり、事あるごとに湯浅治郎らから相談を受け、「何だか親類のような気分」と言って、次の言葉を残している。

「新島君の死後同志社も一時紛紜《ふんうん》の為に頗る悲況に陥ったが明治二十九年我輩が再び外務大臣になった時に又偶然にも其処置調停に関係する事となり、爾来また種々なる相談までも受け、「社友」というものになって同志社女学校の世話までも頼まれるなど、関係は今に継続して居る。二一年以後度々行って演説もした。京都へ行けば必ず演説をすることになって居る。又しなければ同志社の方でも承知しないといふ様子である」と、自らも新島襄の残した同志社への役割を認識していたようである。

北垣国道（一八三六～一九一六）
但馬国生まれ。開拓権判事、元老院少書記官などを経て、京都府知事に着任。北垣知事も勧業政策に重きを置いたが、在任一一年の間、琵琶湖疎水建設、京都商工会議所創設など数々の実績をあげた。文字通り骨を埋める覚悟で京都府の発展に力を尽くした。のち内務次官、北海道庁長官となり、晩年は「静屋」と号して京都で自適生活を送った。

横井時雄（一八五七～一九二七）
一時、伊勢を名乗る。「熊本バンド」の一人。横井小楠の長男。同志社卒業後は今治教会を創設、のち同志社の教員、社員、ジャーナリストなどを経て、実業界、政界に転身。同志社の総長を務める。

新島はなぜ教会合同に反対したか

徳富蘇峰や安部磯雄が指摘したように、新島襄ほどアメリカの事情に精通し、コングリゲーショナリズムを知る者はいなかった。最初、新島襄がアメリカに渡航したとき、その民主主義に基づく、三権分立、社会制度の充実ぶりを見て驚嘆するとともに、それは偶然に生まれたものではなく、その根元は、ピューリタン精神と自由と独立で勝ち取った国論統一にあると確信した。この新島の自由・自治・自立を主張する背景にあり、権威主義、貴族主義を嫌う認識が明治一九年から明治二二年の教会合同問題に対して否定的な行動を新島に起こさせる。

新島が亡くなる数年前のこの合併問題における新島の孤軍、悪戦苦闘は、新島の心肉を削り取るような苦しみがあったようである。この合併問題とは、明治一九年ごろから、当時の代表的なプロテスタント教派である会衆派の組合教会（同志社系）と長老派である一致教会（明治学院系）との合同が持ち上がったというものである。これに対して会衆派の御大・新島襄は最初から異を唱えた。**J・D・デイヴィス**と浮田（和民）教授とが、深く新島の心事に同情して新島側に立ったほかは、片腕になるべき、同志社第一期、二期の当時の同志社校長金森通倫をはじめ、教授たちは、概ね合同賛成に傾いた。宣教師もギューリックを除き皆賛成という具合で、組合教会の大勢は合同賛成に傾き、新島は孤立状況にあった。新島は早くから次の意見書を送っている。

「今回の併合により、他日、各会が自治の権利を剥奪減殺せられ、此の自由を屈し、此の義旗を捲くに至らば、小弟他の方向を取る能はず。只此の自由、此の義旗と去就を共にせんのみ」（「組合会両会併合相談委員」宛ての新島意見書）と、実に悲壮極まる決意のもとに、一歩も半歩も後退しなかった。新島がなぜこれほどまで反対したかであるが、新島が抱いたのは信徒（会衆）主導による民主的な教会運営や、個別教会の自治権が失われることへの危機感であった。

自ら体験したピューリタン主義、コングリゲーショナリズムを日本の青年たちに伝えようとした使命感であったと思われる。

一八八八（明治二一）年一一月、新島は最も信頼する在校生の**柏木義円**へ英文の手紙を送り、自らの気持ちを伝えるために会っている。その時、新島は、もし合同が実現すれば、同志社を去って、北海道へ退くと述べているが、これは札幌独立キリスト教会をさすと思われる。

このように、合同反対を唱えて孤立していた新島襄に柏木義円は柱として頼まれるわけである。純粋にして、理想に動く青年集団の同志社教会員たちは柏木を中心に結束し、深く新島の精神に共鳴し、合同反対の先頭に立ち、合同推進派の小崎弘道はじめ組合教会の有力者と対決し「自由主義を守るための闘い」を挑み、遂に合同中止に導いた。

さて、新島襄の思想、人間観、教育観はアメリカ時代に形成され、完成したといえるが、同志社建学後、「自由・自治・自立」の精神はいちだんと堅固になったといえる。教会合同に反対した真の理由もそこにある。新島は「自由・自治・自立」を不即不離として考え、自由だけを主張するのでなく、自治と自立があって初めて民主主義の基本は維持できると主張した。

J・D・デイヴィス（一八三八〜一九一〇）
米国ニューヨーク州生まれ。ビロイト大学在学中、南北戦争に従軍、陸軍中佐に昇進。復学し、同大学を卒業後、シカゴ神学校に学び、牧師となる。アメリカン・ボード派遣の宣教師として一八七一（明治四）年来日、神戸から京都に転じ、新島と二人同志社英学校、初の教員となる。同志社初期の貢献者。

柏木義円（一八六〇〜一九三八）
新潟県生まれ。師範学校卒業後、同志社英学校に入学するが、学費が続かず中退。一八八三（明治一六）年、安中教会で、海老名弾正から受洗。同志社普通学校に再入学、新島の信頼を得て、同志社に残る。明治三〇年、湯浅治郎の推挙で安中教会の牧師となる。「上毛教界月報」の発刊を続け、非戦論、平和論を主張した。

「自由・自治・自立」の人材を育てる

前述のように、同志社での教育は自由・自治・自立を基軸にしたものだった。国の隆盛は教育によって自由・自治・自立の精神を養うことにかかっていると、その重要性を認識していたからである。そのために新島は心ひそかに一身を教育の事業に投げ打とうと決意したと告白している。そしてまた、わが国が、欧米文明の諸国と対抗していくためには、単にその外形、物質上の文明を模倣するだけはいけない。どうしても、その根本に向かって努力しなければならぬ。他日、故国に帰ったならば、必ず一つの私立大学を設立して、国家のために微力を尽くそうと誓った。

新島襄は私立大学を「人民の手に拠《よ》って設立」することが最善の道と考えたからである。それは後に発表した「同志社大学設立の旨意」をみれば明らかである。

「…人民の手に拠って設立する大学の、実に大なる感化を国民に及ぼすことを信ず、其生徒の独自一己の気象を発揮し、自治自立の人民を養成するに至っては、是れ私立大学特性の長所たるを信ぜずんば非ず」

「…一国を維持するは、決して二、三英雄の力に非ず。実に一国を組織する教育あり、智識あり、品行ある人民の力に拠らざる可からず。是等の人民は一国の良心とも謂ふ可き人々なり。而して吾人は即ち此の一国の良心とも謂ふ可き人々を養成せんと欲す。吾人が目的とする所実に斯くの如し」

この「一国の良心と成る可き人々」の養成を願望した新島の真意こそ、教育の原点といえるだろう。時代は政治、経済、文化そして産業界に知育、徳育を兼ねそろえた人材を要求していた。単に物質文明に満足するだけでなく、精神的満足感を同時に得られる社会を創るためである。

そして、新島襄は倜儻不羈を自ら生涯貫いたといえる。「倜儻不羈」という熟語は、現在はあまり使われないが、漢語としては紀元前から存在し、江戸、明治初期の知識人には、ごく普通に使われていた。「倜」は優れていて、拘束されないさまをいい、「儻」は志が大きくて抜きん出ていることをさす。「羈」は馬を制御する手綱のことで、したがって不羈は拘束されないという意である。

全体の意味として「信念と独立心とに富み、才気があって常軌では律しがたい」ということである。独立不羈と同義語でも使われ、ある種の独創家、独志の人、奇骨の人、独立心の高い人格をさす。また、新島襄は「倜儻不羈なる人物である生徒」が好きであり、できるだけ「彼らの本性にしたがって個性を伸ばすようにして天下の人物を養成するよう」と遺言している。

新島は、「自由・自治・自立」の総合大学建設に邁進したが、全力を傾けながら貴族主義と官僚主義に背を向け、権力に対する自立をめざし、一方で平民主義と平等主義に徹し、弱き者への博愛精神を持ち続けたことも事実である。事業の執念の裏側にある師の二面性をよく知っていたのが徳富蘇峰である。一度は師のもとを去った徳富蘇峰が新島のスタッフとして大学設立準備に奔走した。蘇峰は、新島の大学設立運動は従来のキリスト教関係者に偏した狭い交流から、勝海舟、大隈重信、井上馨、陸奥宗光ら中央の政財界との接触を通じて、「心理的大変化」もしくは大進化し、新島個人にも多大な影響を与えたと公言している。単に「大なる日本の宗教家であるばかりでなく、大なる教育家、大なる社会人、大なる愛国者、大なる公人として天下より認識された」と言っている（『我が交遊録』）。

さらに、蘇峰は「時勢と気息相通じ愈々その波に乗り、その潮に鞭打たんとする」と大学設立運動での師弟の相性の良さを自負している。（『日本精神と新島精神』）

第七章　福澤諭吉と新島襄の共感と確執

福澤諭吉と新島襄はなぜ会わなかったか

第一章で述べたが、福澤諭吉は『文明論の概略』でいかに国家の独立、政権の自立性を維持するかがナショナリティーであり国体であると主張している。そしてその国体論では皇統の連続性にナショナリティーの根幹を求めた。

教育の問題でいえば、キリスト教解禁や外人宣教師の私塾開設を良しとする、同じ明治の先覚者である新島襄らと対極の立場で、福澤はキリスト教に対する強い危機感から、仏教と神道のいわば共同戦線によってキリスト教から国体を防衛するという図式を描いた。つまり、条約改正で内地雑居が進み、宣教師たちがどんどん国内に入ってくるようになると、キリスト教を拒否できなくなると考えて、日本のナショナリティーを維持するために、福澤はかつて否定していた万世一系の皇統に根幹を求め、それをもとに国体をつくり出していかなければならないと考えるようになるわけである。

福澤は一方で慶應義塾によって高等教育にも直接携わり、学問の独立をいち早く掲げたが、国体論においては、皇族の積極的な関与、資金の提供を歓迎する姿勢をとった。その意味で、キリスト教主義を標榜する新島襄の同志社とは一線を画したわけである。

福澤は、万世一系の天皇を国家体制の機軸とするという発想を提供することによって、結果的にその後の明治憲法体制の構築に根本的な影響を与えた。その意味では福澤の果たした役割は非常に大きかったといえる。

また、同じころに新島が同志社大学設立の基金集めを関東でも開始し、慶應義塾の募金募集と随所で競合していた。二人とも勝海舟と交流があり、福澤は遣米使節団で勝や津田仙と一緒だったので親密な関係と思われがちであるが、意外に疎遠であった。逆に新島は勝を尊敬し、津田を通じて親密さを増していた。かかる状況もあり、勝海舟は募金募集に関しても新島側に加担している。

このような間柄では会う機会をなかなか持てなかったのも不思議ではない。もし両者に会う機会があったとしたら、共通の利害があった徴兵令の兵役免除問題か、二人と親しい富田鉄之助が取り持つケースくらいだろう。当時、日本銀行副総裁をしていた富田は、福澤が結婚の仲人であるし、新島とは滞米中からの親交があったからである。しかしながら、新島と福澤とは、まったく没交渉の間柄でもなかったことが徳富蘇峰によって明らかにされた。新島八重子夫人から夫の遺物を整理するので立ち会うようにという依頼によって、検閲をした際に、福澤の新島に宛てた二通の書翰を見いだした。それは当時福澤が、家族連れで京都見物に出掛けて来たのを幸い、新島が晩餐会か何かに案内せられたるを、断りたる返事であった。蘇峰はその内容について「相変らず福澤流の文句で、面白く認ためてあった。要するに、自分は遊びに、家族連れで来た所、家族の世話で手一杯である。漫遊漫に似て、却《かえっ》て漫ならず、などという面白き文句が挿んであったことを、今尚お記憶している」（『徳富蘇峰終戦後日記Ⅳ』）と記している。

このように、福澤と新島は面会する機会はなかったが、新島は福澤諭吉が社説を書く「時事新報」を購読し、楽しみにしていたようである。興味深い事実は病が重くて、大磯で療養中でも「時事新報」を読んでいたという事実である。その「**時事新報**(1)」は新島襄の死後、「新島襄氏の卒去」と題する福澤の書いた社説（一八九〇（明治二三）年一月二六日）を掲載し、その中で福澤は以下のように述べている。

「熟《つ》らつら日本社会の有様を見るに、封建制度の余習として人心、偏に官辺の事を重んじ、功名栄誉の地位は政府の外にあらざるが如く、士人が立身出世の道も官吏となるを以て第一の目的となさゞるはなし」という風潮のなかにあって、学者宗教家の類を始めとし、国家百年の計の為めに真に社会の独立を謀るものとては晨星蓼々、数ふるに足らず、方今世間に国家独立の談少なからず。我輩の常に開く所にして、其言は甚だ妙なりと雖も、共事実の見る可らざるを如何せん。一身に独立の実なくして漫に国家の独立を言ふは、身躬から鯨飲を恣にしながら挙世皆醒めんことを祈るに異ならず。独立の男子ありて然る後に独立の国を見る可きなり。今新島氏は今世のノ流俗に処して共流に流れず、教育宗教の事に熱心して多年其節を渝へず、真に独立の士と称す可し」

と、その死を惜しんでいる。

「一身の独立なくして一国の独立はない、独立の男子ありて然る後に独立の国を見る可きなり」

そして教育と宗教に身を挺した新島こそは「真に独立の士」と称すべきであると、

「日本社会独立の為に此流の一人を失なった」

と福澤は最大級の賛辞を送っている。

このように、時事新報が唯一の二人の距離を縮める媒体に思えてくる。二人の思想的スタンスには近似性があるようにみえるが、福澤のキリスト教主義を対峙とする姿勢は明白であり、二人の宗教観、教育観には明確な隔たりがある。

福澤と新島は「明治の二大教育者」として並び称せられるが、慶應義塾と同志社は基本的なところでは、対抗する二勢力といっていい関係で、ライバル同士だったと言ってよい。特に大学昇格をめぐっての争いは一八八八（明治二一）年七月一九日、井上馨、大隈重信前・現外務大臣二人の尽力で、新島が関東財界人と直接接触した大学設立資金募集の説明会は、決定的な意味を持った。その後すぐ「同志社大学設立の旨意」（一一月）が発表されたのは言うまでもない。

注

（1）一八八二（明治一五）年福澤諭吉をオーナーとして、中上彦次郎が社長になって東京で創刊した日刊紙。以後ほとんど慶應義塾出身者が運営に当たった。不偏不党の立場をとり，報道記事を重視して一八九三（明治二六）年ロイターと独占契約を結び、一八九九（明治三二）年から年中無休刊とした。昭和一一年「東京日日新聞」と併合した。

国体論とキリスト教批判

一八八〇（明治一三）年九月から京都で、学術講演会との名目で演説会が行われたが、明治一四年五月一七日には基督教大演説会が京都四条北の芝居小屋で開催され、弁士は新島襄、金森通倫、浮田和民、山崎為徳、D・W・ラーネッド、ゴードン、宮川経輝、森田久万人らであり四〇〇〇人が集まった。こうした学術講演会や基督教大演説会の開催は、新島が同志社を大学へ発展させる布石として京都府民の協力と理解を求めるために開催されたものであった。

同志社のキリスト教大演説会に対抗する形で、福澤門下の交詢社社員が仏教僧侶とキリスト教批判の演説会を開催した。同志社の活動は賛否ともに大きな反響を引き起こし、明治一四年六月一四日には仏教僧侶と交詢社社員がキリスト教排撃の演説会を開催する。交詢社は前年（明治一三年）に福澤諭吉の提唱により小幡篤次郎、中上川彦次郎、矢野文雄、馬場辰猪ら慶應義塾社中（同窓会）を中心母体として、「知識を交換し世務を諮詢《しじゅん》する」ことを目的として設立された。明治一四年八月八日にも京都四条の南座においてキリスト教を排撃する学術演説会を開催した。

福澤の家は浄土真宗の本願寺派中津明蓮寺の檀家であったが、福澤自身は仏教に帰依しているわけではない。しかし福澤は明治一四年から明治一六年ごろにかけて、盛んにキリスト教批判を繰返している。福澤は明治一五年に「僧侶論」を書き、その中で激しくキリスト教を批判し「仏法を以て耶蘇教を防ぐ可し」と論じ、門下生の交詢社社員たちも京都本願寺の招きでキリスト教批判の演説をした。

さらに、新島の死後の翌々年、明治二五年、東京帝大の井上哲次郎教授が「基督教は教育勅語及び日本の国体に背戻しする」という意見を雑誌に載せ、さらに「教育と宗教の衝突」という論文を掲載するに及び、基督教関係者との意見対立から激烈な論戦が展開される。

この時、福澤は表立った動きと発言はしていないが、福澤の国体論が背景になったことは間違いない。

キリスト教反対派は井上哲次郎、井上円了、加藤弘之、村上専精らで、キリスト教擁護派は横井時雄、宮川経輝、本田庸一、小崎弘道、大西祝、柏木義円らの新島門下であるが、互いに論陣を張り、論争は激しいものであった。この時、新島直系の柏木義円が「同志社文学雑誌」の明治二五年、五九号、六〇号に「勅語と基督教」「勅語と基督教—井上博士の意見を評す」の諸論文を発表し、この議論に一応の区切りとなった。

近代日本の知識人が避けて通ることができない皇室と国民の関係を論じた卓越した文章で、柏木は、国家の主としての天皇への忠義を限定的に容認した後、キリストを国家そのものを超える普遍的な権威の基本だと論じ、東京帝国大学教授の井上哲次郎らのキリスト教批判に対して堂々の論陣を張り、それを論破したのである。反対派の旗頭・加藤弘之に、「柏木という人は恐るべき人物だ」と言わしめている。

D・W・ラーネッド（一八四八〜一九四三）
米国コネティカット州生まれ。イエール大学卒業。セイヤー大学教授を務めた後、アメリカン・ボードの宣教師として、一八七五（明治八）年来日。初期同志社の中軸教授。同志社大学の初代学長。現在、田辺キャンパスにラーネッド記念図書館がある。

揺れ動いた福澤諭吉の宗教観

明治における政治思想を語る上で、福澤諭吉は無視することのできない存在であった。前述したように、福澤の国家論は、近代国家の国体に天皇制を基軸にすえたことで、その後の帝国憲法に影響した。そして、一八九〇（明治二三）年に「教育ニ関スル勅語」（教育勅語）は、日本の教育の根幹をなすものとして制定された。

そのため、キリスト教は天皇制国家の支配原理と根本的に相容れない宗教教義とされ、前項のような大論争になった。新島は、キリスト教への織烈な圧迫が加えられるころには、もうこの世にいなかったが、この「教育勅語」は、日本における道徳が天皇制の発展に寄与することを前提とし、第二次世界大戦末期に過剰な神聖化がなされた経緯もあり、思想や良心の自由を否定している点もキリスト教とは相容れないものであった。

このように、同志社は「大日本帝国」の崩壊を迎えるまで、同じ私学の慶應義塾や早稲田には見られない天皇制国家、教育勅語の呪縛に悩まされ続けた。したがって三大学の中で同志社が一番ハンディキャップを負うことになる。

明治初期のキリスト教は進歩主義、反権力、革新性の特徴が挙げられ、同志社はこれまでに各界に多くの人材を送り出したが、体制につながる政治家、経済人は極めて少なく、反体制派の明治初期の社会主義のリーダーや大正・昭和期の共産主義理論家などを輩出した背景が理解できる。

さて、福澤の教育理念の背景として、ドレパルの著書『耶蘇教と実学の争闘』が影響していると思われる。前述した実業論で説明したが、福澤の実業は実証科学に基づいている。この書においてキリスト教に対峙するのが「実学」（科学）であることは明白である。

『耶蘇教と実学の争闘』は、福澤の門下で慶應義塾出身の小栗栖香平によって翻訳され、明治二六年には訂正増評版が出版されている。これを翻訳した小栗栖香平は東本願寺の僧侶で排邪論を展開した小栗栖香頂の娘婿であり、この翻訳が一面では仏教側からのキリスト教批判であることは明らかである。

原書の著者ドレパルはニューヨーク大学医学部の教授で、化学や医学方面の論文のみならず『アメリカ南北戦争史』などの著作もある。この『耶蘇教と実学の争闘』の内容は、古代ギリシアに発生した科学と、ローマ皇帝の権力と結びついたキリスト教との対決の歴史という構図であり、ローマ教皇が地動説を唱えるガリレオを裁判にかけた例のように、キリスト教は科学に圧力を加え続けてきたというのがドレパルの主張である。

主にローマ・カトリックが念頭にあるが、ドレパルは、プロテスタンティズムもまた理性を信仰の下位に置くために科学者を呪詛してきたと批判した。

小栗栖香平によって福澤諭吉の教育理念を補強するために翻訳され、多くの日本人に読まれたという事実が重要である。ここにはキリスト教対仏教という表面的対立の奥に、福澤と新島に代表される明治期における二つの教育思想の衝突と世論を巻き込んでの確執があった。

ところが、福澤の宗教観は揺れ動く。福澤は明治一七年にキリスト教批判からキリスト教容認論へ主張を大きく転換し、新島を驚かせる。福澤は明治一七年六月六日の「時事新報」で、「宗教も亦西洋風に従はざるを得ず」の社説を載せ、日本が文明国となるためには「我国をして耶蘇教国の仲間に入社せし同一の色相を呈して共に文明の苦楽を与にするの策を定るは、今の経世上に一大要事ならんと信ずるなり」と日本をキリスト教国にするように提案した。その理由として福澤が挙げたのは、「内外交際上の都合」、すなわち国際政治上または外交上の便宜を図るということであった。それでも福澤自身は、自分の立場は「耶蘇の友に非ず、釈迦の友にも非ず、去ればとて亦其敵にも非ず」と、あくまで功利的立場からキリスト教を容認したに過ぎないという主張であった。

福澤はキリスト教を容認する利点を二つ挙げている。一つは「文明の進歩に平坦の道を開く」こと、もう一つは「其道徳の主義を以て日本に寄留する西洋人の言行を緩和する」ということであった。日本に貿易などでやって来る外国人の中には野卑な者も多く、彼らの言行を監視する「精神の法律警察」として宣教師が必要というものであった。

アメリカ留学中の長男・**福澤一太郎**と次男の**福澤捨次郎**が一八八三（明治一六）年より当初キリスト教主義のオベリン大学に入学していたことも挙げられる。次第にユニテリアン化する息子たちであったが、このことは福澤がキリスト教容認論へ変化した時期と一致する。そして福澤がアーサー・ナップへの接触、ハーバード大学との提携に熱意を示し始めた。

つまり、福澤は慶應義塾の大学部昇格をめざし、独特の事業素養である功利的、合理的主義を優先したものと思われる。さらに福澤のキリスト教へのアプローチは、ユニテリアンへの支援に顕著に表れる。当時ユニテリアンはハーバード大学に強い影響力を持っていたが、神・イエス・聖霊の三位一体を非合理的として否定し、理性にかなうキリスト教を標榜し、キリスト教以外の宗教も神聖さの表現として認める宗教多元主義の立場を表明していた。

慶應義塾大学部の開設を計画していた福澤は、アメリカに留学中であった息子の一太郎に米国ユニテリアン協会から日本派遣が決まったアーサー・ナップと接触させた。

そして、一八八七（明治二〇）年に招待したナップの来日を機に、福澤はナップに慶應義塾大学部で働く英語教師の斡旋を依頼し、ハーバード大学総長エリオットの推薦を受けたリスカム、ドロッパーズ、ウイグモアの三人を慶應義塾の教師として斡旋を受けた。

しかし、こうした福澤とユニテリアンの密接な関係も明治三〇年頃から冷え込んでいく。福澤にとってはユニテリアンですら慶應義塾経営のために利用したに過ぎなかったという見方が有力である。福澤によるユニテリアンの支援は、福澤の功利主義的宗教観、刹那的、揺れ動いた宗教観を良く表した事例といえる。

福澤一太郎（一八六三〜一九三八）
福澤諭吉の長男。一八八二（明治一五）年慶應義塾本科を卒業し、翌明治一六年から米国、コーネル大学に留学。滞米中にユニテリアンの影響を強く受ける。明治二一年帰国後、義塾の文学科講師になる。明治四〇年から約三〇年、塾の社頭を務め、大正一一年から一年、塾長を兼ねる。

福澤捨次郎（一八六五〜一九二六）
福澤諭吉の二男。一八八三（明治一六）年慶應義塾を卒業し、兄と共にアメリカに留学する。マサチューセッツ工科大学で鉄道工学を修めたのち帰国する。時事新報社の経営を引き継ぎ、社長となる。大阪時事新報社を設立する。他に慶應義塾評議員、慶應義塾理事を務めた。

福澤諭吉によるユニテリアンの庇護

前項でも触れたが、ユニテリアンは一時期、日本の国教にすべきであるという議論があったほど注目されたので、福澤とユニテリアンとの関係を補足しておこう。

イギリスで弾圧を受けていたピューリタンたちがアメリカ東部のプリマスに上陸したのは一六二〇年である。それから一六年後に彼らによってアメリカに最初の大学、ハーバード大学が創られる。アメリカが独立するのはハーバード大学ができてから一四〇年後であるから、いかにピューリタンの人たちの先進性と、人材教育の重要性を認識していたことがわかる。当初のハーバード大学の目的は①聖職者を育成する②社会のリーダーを育てることであった。将来の牧師の学力低下を防ぐのが目的であったから、教養をつけさせることが第一のねらいであった。したがって、ハーバード大学は神学校としての牧師養成と、リベラルアーツ・カレッジのルーツであったのである。

ニューイングランド・ピューリタニズムの特色は会衆主義（コングリゲーショナリズム）「会衆＝聖徒」と呼ばれる信者集団を重視し、「会衆」を中心とした個別の教会の自主性を維持しようとする考えである。さらに、会衆主義教会論と「契約神学」と呼ばれる独自な思想にある。神と人との関係も社会関係も契約で考え、聖書にのっとって地上に理想社会を実現し、神に対し責任を持つ生活をすることを目標にしている。

このニューイングランドで高等教育を受けた新島襄は、コングリゲーショナリズムの会衆派教会こそが最も自分にとってふさわしい教会であると確信するわけである。教会という小社会、すなわち自由で何でも言える自発的結社型自治組織に、新島は民主主義の原点を見いだしたからである。

しかし、ハーバード大学は次第にユニテリアンの勢力が著しいものになり、そのため、会衆派はアンドヴァー神学校に牧師養成を移していったのである。ハーバード大学の教育は宗教性を重んじながらも、牧師養成から科学の探求へと重点が移り、初等教育にあってはオーソドックスなピューリタンの信仰から万人の神の崇拝へと考え方を変えたわけである。ユニテリアンはキリスト教自由主義ともいわれ、イエスを神とする三位一体説をとらないこと、人間の原罪を認めず道徳的進歩の可能性をありとすること、聖書を無謬《むびゅう》（理論や判断に間違いがないこと）とはしないこと、の三点に特徴を持っている。

さて、明治政府がユニテリアンを認め、支援したこと、福澤諭吉とユニテリアンの深い関わりがあったという事実、さらにユニテリアンと仏教、初期社会主義との関係が明らかになった。前述したように、福澤諭吉は天皇を基軸にするという福澤国体論を展開し、仏教と神道のいわば共同戦線によってキリスト教から国体を防衛するという図式を描いた。その一方で、仏教を対等に受け容れたキリスト教であるユニテリアンに、無宗教の人・福澤諭吉が普遍宗教として期待を寄せたことは十分考えられる。福澤諭吉が一時期、キリスト教自由主義派ユニテリアンの神学校を慶應義塾に吸収合併し、神学校を創設する考えを持っていたことも明らかになった。

明治二〇年一二月、アメリカユニテリアン協会の牧師アーサー・メイ・ナップが、福澤諭吉らの招請で来日し、活動を始めた。ナップ来日の背景には、アメリカ留学中の長男・福澤一太郎の推薦や第三章で述べた福澤四天王の一人、矢野文雄（郵便報知新聞社長）、金子堅太郎（当時枢密院議長秘書官）らの働きかけ、英国ユニテリアン協会の支援などがあった。

ナップが来日する前の明治一七年、矢野文雄は、国会開設前に西洋諸国の諸制度を調査するため、ヨーロッパを視察している。彼はロンドンから送った報知新聞の海外通信を「周遊雑記」として掲載し、この中でユニテリアンを初めて日本に紹介し、これを高く評価して日本の国教にすることを説いている。矢野は儒教、仏教、キリスト教の三教を比較した上で、宗教・道徳の再構築がなければ、国民国家としての日本社会の強固な結束は望めないと訴えており、理知を重んじる啓蒙主義的立場から、宗教の課題は自然科学や社会科学の発達と如何に調和していくかであり、この課題を克服してこそ、宗教に社会的、政治的効用が期待できると強調している。

さて、来日したナップは、ハーバード大学出身の当時四五歳で、来日後、一八八九（明治二二）年五月三日の帰国まで、約一年半滞在し、ユニテリアン信者の拡張に努めた。福澤も宣教師ナップと出会い、多大な影響を受けている。その思想はイエスが神の子であることを否定した徹底的な合理主義であり、倫理的なヒューマニスティックな一宗教であった。何が何でもキリスト教をというようなことを主張しようとせず、キリストも一人の最高の人格者と考えたに過ぎなかった。

このように、ユニテリアンは開かれた、進歩的な考えを持ち、キリスト教以外の宗教をも尊重したため、福澤は新島襄らのキリスト教主義に対抗するためにも、格好な新勢力として庇護したわけである。そして明治二七年三月、活動の拠点としてユニテリアン教会・惟一館が建設された。そして明治三四年に安倍磯雄らにより社会民衆党が結成され、大正元年には鈴木文治により友愛会が創立された。これは当時のユニテリアンが、「人間の尊厳と人類の進歩発達」(惟一館のマッコーレイ牧師)をめざして積極的に社会運動へ進出したり、支援をしたことによるものである。このことから、社会民衆党の創立は、ユニテリアンの社会運動進出の一環と理解することができる。社会民衆党はユニテリアンが主導した政党であり、それを支えた総同盟もユニテリアンの影響が強かった労働組合であった。惟一館は、一九一一(明治四四)年にはその名を統一基督教会と改名し、そして惟一館は総同盟が買い取り、財団法人日本労働会館となって日本の社会運動の総本山へと変質した。

福澤諭吉は多角事業、新島襄は教育専業

福澤諭吉が直接起業した事業には近代私立学塾としての「慶應義塾」、中立言論新聞としての「時事新報」、そして紳士社交クラブとしての「交詢社」がある。いずれも近代国家建設途上のわが国で初めての事業である。その他、福澤が関与した事業会社も多く、早くも一八六八（慶応四）年には出版業を始め、慶應義塾で使用した教科書まで販売し、学商、拝金主義者ともいわれた。翌一八六九（明治二）年には福澤は、早矢仕有的に経営助言し、資金も拠出して丸善を創業させた。さらに、大隈重信の協力を得て、貿易金融、外国為替の専門銀行である横浜正金銀行（東京銀行、現・三菱東京ＵＦＪ銀行の前身）の設立に導いた。また三井、三菱の両財閥には、荘田平五郎、中上川彦次郎の二人の弟子を経由し、深く経営に立ち入り、加担している。

福澤の事業センスは、鋭い計数感覚に支えられていて、実学教育の慶應義塾にだけでなく、事業家としての才も随所に発揮された。しかし福澤は、事業の本陣である塾経営に関して、**西南戦争**(2)後、明治一一年頃から、学生数が減少したことによる資金繰りの悪化で、翌明治一二年、大隈重信を通じて政府に対し二五万円の借入金を申し込んだが、不調に終わった。

そこで「此塾にぶらさがって居る身ではない、是非とも慶應義塾を永久に遺して置かなければな

らぬと云う義務もなければ名誉心もない」と意外にも廃塾の決意を、浜野定四郎宛てに書き送っている（『福澤諭吉年鑑』７福澤諭吉協会一九八〇・「浜野定四郎宛」『福澤諭吉全集』第十七巻）。これに対して、新島襄は事業といえば総合大学設立がすべてであり、いわば同志社がなければ新島はないと言っていいほど、教育専業、学校経営がすべてであった。

一八八三（明治一六）年、徴兵令の改正により、私立学校は徴兵免除の特典がなくなったため、小野英二郎ら有能な学徒、在校生の退学者が続出した。そのような状況に至っても新島は「たとえ学生がひとりもいなくなっても、依然として同志社は相国寺前に立て置くつもりである」と不退転の決意をして、政府への陳情に臨んでいる。

その時、新島は東京専門学校に小野梓を訪ね、共同での陳情の話をするが、慶應義塾へは声をかけなかった。その時の新島の日記には「本校では退学者が続出しているのに、東京専門学校にそのようなことがないのは羨ましい」と書いている。

一般企業経営の場合は収益が目標のコアになるが、教育事業は社会全体のインフラを作り上げる人材を養成する事業であり、言論界、金融・経済界、教育界などのリーダーを輩出することに大きな目的がある。したがって、学校経営では、「どういう人物を養成するか」という理念のもとで、まず教育の場である環境整備が重要になる。校舎、学生寮、研究設備、図書館、教授陣、教材など多額のインフラ投資が必要である。

次に、これらの人、物、金の経営資源を賄うための資金を安定的に確保し、円滑な学生募集をはじめとして、学校運営のノウハウが必要になる。その点、新島襄は自らの留学体験を通じて、アメリカ、ニューイングランドの大学を模範とする明確な大学像、つまりリベラル・アーツを教育の柱として、幅広い分野の学問を通じて豊かな人間形成を図るという教育ノウハウを最初から持っていた。したがって、当時の教育揺籃期の中で、この事業を推進できる第一人者だったと言っても過言ではない。

注

（2）一八七七（明治一〇）年、鹿児島を中心に西郷隆盛を盟主にして起こった新政府に対する不平士族最大の反乱である。熊本、鹿児島を中心に激戦を繰り広げた熊本城籠城戦と田原坂の戦いは特に名高い。私学校戦争とも呼ばれ、明治初期の一連の士族反乱のうち最大規模のもの。政府軍が勝利し、一連の士族の武力反乱は集結した。

福澤諭吉と新島襄の男女平等論

キリスト教の解禁や西洋文明が共に流入するとともに、日本の思想文化にも少しずつ変化が見られるようになってきた。福澤諭吉らによる男女同権論が唱えられ、自由民権運動の発展とともにこれが盛んになった。また新島襄らによりキリスト教的立場からも女性の尊重が説かれ、岸田俊子、景山英子などの女性民権運動家も出現した。

こうした一方には市民的な立場から男女平等と女性の解放を叫ぶものも現れ、歌人・与謝野晶子は恋愛の自由を歌い、日露戦争に反戦歌を作ったりした。

福澤諭吉は一八六九（明治二）年に「世界国尽し」を書いて早くも男女平等の思想を表明し、その後、「日本婦人論」、「男女交際論」、「女大学評論」、「新女大学」等を書いて、男女同権、夫婦平等の思想を説いている。彼は父や夫の専制や、一夫多妻、妾を持つことをやめるべきだと述べ、男女とも自由平等の人間だといい、しゅうと、しゅうとめと息子夫婦はなるべく別居するのがよいとまで説いている。

このころ、森有礼ら明六社の先人たちも、男女同等論を盛んに唱えた。森有礼は「妻妾論」を明六雑誌に書いて、貴族富人が妾を持つことに非を鳴らし、わが国の夫婦の実体を鋭く批判して、妻の人格を認めるべきこと、女子教育の重要性などを論じている。

新島襄の場合は、アメリカ留学中にごく自然に男女平等、人間尊重の思想が培われていたので、帰国後も特別に教育上男女の差別をつけた表現を一切していない。

それどころか、新島襄は女子教育の必要性、振興を認識し、情熱を持っていたので、日本でのその障害を取り除くための行動には積極的であった。たとえば、外務卿寺島宗則宛ての一書では「襄、男子進学ノ如斯其レ敏ナルヲ視テ、改良ヲ期シテ待ヘキヲ楽ミ、首ヲ回シテ女子社会ヲ観レハ懐ニ悵然タルナキコト能ハズ、是ニ於テ女子モ亦教育ナカルベカラサルノ説ヲ主張シ、去歳四月ヲ以テ更ニ女学校を設立シ、米国ノ婦人ヲ招キ、教訓ヲ委托セリ」（一八七八（明治一一）年）と説いて、女教師パーミリーとJ・ウィルソンの雇い入れ許可を求めている。

この寺島宛て書簡では外国人女性宣教師の雇い入れ促進の依頼状とはいえ、新しく始まる女学校に外国人女教師が欠かせないことを述べていることが注目される。知育のみにかたよらず、品行を伴って範とするべき女性、信仰に生きてその信仰を教育の場で体現し得る教師としての外国人女性を求めていたといえる。

さて、同志社ができてから三年後、一八七八（明治一一）年、新島は梅花女学校の開校式に出席して、その祝辞で「女子教育は社会の母の母なり」と明言し、

「…キリスト教徒たるものは総て世の社会改良を図るものなれば、女子教育の如きは最も欠くべからず。金子を与えて結婚せしめるよりは、よき教育を与え、よき実価をつけて世に出さしめるべし、ここに至り初めて女子教育の必要を感ず。教育は他より良きものに勝る。天賦の良質を養成開発せしめるものなり…」

と言っている。

また、新島は、女性の社会進出、女性の職場確保の必要を実現するため、自ら行動を起こし、同志社病院に併設する形で、看護学校（京都看護婦学校）を設立した。

さらに一八八九（明治二二）年、女権拡張運動家で当時東京婦人矯風会の役員をしていた、佐々

木豊寿が新島を東京の宿舎に訪ねた時、彼が語った言葉が彼女の追悼文の中に記されている。それによると、当時の高等普通教育を受けた女子が、それを有力な嫁入道具として結婚生活に入り、社会の進歩改良などには何らの関心を示さず、ひたすら夫へのサービスと子女の養育にのみ専念して事足れりとしている状態に対して、新島は憤懣を示した。そして、彼の女子教育に対する熱意は高まり、いっそうの女性解放運動を奨励した。

その後、明治二三年に教育勅語が発布になってから、一方では国粋主義がはびこり、女子の公民権どころか、男女同権論さえも困難な状態になった。日本女子大学をつくった**成瀬仁蔵**さえも、福澤諭吉の「新女大学」やキリスト教的市民教育に反対するというありさまになっていったのである。

ついに、明治二二年、大日本帝国憲法の発布により、男性だけに、しかも一定の納税した者だけに選挙権を与えるという選挙制度が発足した。女性は選挙権どころか、いっさいの政治活動が禁止された。女性の参政権がはっきり根拠づけられたのは基本的人権を明確にうたった新憲法まで待たねばならなかった（第二次世界大戦終結後の一九四七（昭和二二）年施行）。

成瀬仁蔵（一八五八〜一九一九）
山口県出身。藩校憲章館を経て山口師範を卒業し、明治二三年、新しい展望を求めて渡米。新島襄の学んだアンドーヴァー神学校、続いてクラーク大学に学んで明治二七年に帰国。日本女子大学を創立する。、「信念徹底」

「自発創生」「共同奉仕」を三大綱領とした。

権力主義への抵抗と平民主義

福澤、新島は共に独立不羈の人物であり、官に仕えることを嫌ったし、教育事業の理念も独立自尊と自由・自治・自立を貫いた。

しかし一見して同じように見えても、その姿勢には微妙な差がある。たとえば「平民主義」に関しても差異がみられる。福澤は、「門閥制度は親の仇で御座る」と封建的な身分制度を攻撃し、罵倒したが、人物との接し方から見た場合、すべて平民主義で徹底したわけではなく、新島に比べると不徹底なところがある。金持ち子弟の教育、皇族に対する特別な配慮などである。**『福翁自伝』**(3)の中でも「車夫、馬丁、人足、小商人の如き下等社会」(『福翁自伝』参照)といった差別用語が使われている。

一方、新島は誰に対しても「あなた」またはさんづけで呼び、同志社の用務員（松本五平）にも「五平さん」と呼ぶのが通例であった。自分の呼び名でも先生とつけて呼ぶのを好まなかった。新島のこのような姿勢はピューリタニズムにある。民主主義とピューリタン精神に共通するものは、権威主義、社会的な不平等に対する批判と抵抗の精神であり、人格の尊厳、良心、平等、自由、自立、自治の精神である。したがって新島はそれを実践的な行動にて示したといえる。

新島から洗礼を受け、終生、師として信奉した安部磯雄は、自伝でもあるその著書『社会主義者となるまで』の中で、新島襄の思想、理念について、具体的例をあげて、次のように書いている。

「先生はデモクラシーの精紳に徹底し、その実行者で、同僚の教師から学生、車夫、小使に至るまで〝何々さん〟と呼ばれ、自分に対して「先生」と呼ばれることを好まず〝私共は神の前に兄弟だから、今後皆さんどうか私を新島さんと呼んで下さい〟といわれたが、皆もこれだけは服従しなかった。一七年先生は欧米漫遊の途ローマから通信を送られた。その中に、ローマ法皇に面会したいため手続きを調査したら、法皇に面会する者は必ずその前にひざまずいて敬意を表明しなければならねことを知り、法皇に面会することを断念したとあつた。〝私の膝は法皇の前で曲げるには余りに固すぎる〟というのがその理由であった」

この中には、新島の民主主義に徹した平等主義や権威主義への抵抗がにじみ出ている。安部磯雄も「新島先生の生涯は全く平民主義で一貫して居るといふても過言ではあるまい。若し先生に最も嫌いのものがあつたとすれば、それは貴族主義と官僚主義であつた」と言っている。

注

（3）福澤諭吉の口語文体の自叙伝で、自伝文学の最高傑作である。正しい名は『福翁自傳』。一八九八（明治三一）年七月一日から一八九九（明治三二）年二月一六日まで計六七回にわたって「時事新報」に掲載された。単行本は一八九九（明治三二）年に初版刊行される。慶應義塾大学では、毎年新入生に配布される。

第八章　ジャーナリスト・徳富蘇峰の転変と軌跡

徳富蘇峰の大局観とナショナリズム

蘇峰の言論活動は常に数歩先を行く感受性と先見性とをもっていた。いいかえれば蘇峰は青年時代から、一貫して日本の国益を考え、国際社会からの日本の孤立を避けることを主張した国家主義者であった。

畢生の出世作『将来の日本』は、軍備強化型社会から産業重視型社会への転換という歴史観に立って、平民主義を基調にして、当時の社会を批判したものだが、そこにはすでに、「過去をもって現在を観、現在をもって過去を観る」という歴史家的手法が現れている。

また歴史書の大作『近世日本国民史』第一〇〇巻によれば、「歴史は昨日の新聞であり、新聞は明日の歴史である」とジャーナリストの使命を説き、過去を現在の問題意識で読み直すのが、言論人としての蘇峰の一貫した方法だった。蘇峰は現在の現象を歴史の流れのなかで理解しようとし、自己の立場の転換を歴史の方向性によって正当化した。

蘇峰が好んで使う「大勢」「大局」という言葉は、その端的な表現である。過去の事例を調査し、分析・研究し、現代の現象の変化と比較、検討することで、原理原則を導き出し、結果として将来を予見する。これによって、現象の分析に説得力を増すことになる。

新島襄は「教育を通じて国家に奉仕する」とその熱血溢れるナショナリズムを多くの弟子たちに伝授しているが、蘇峰が何といっても一番忠実な継承者であった。そして、民主主義の実践的教育を受けたのも師・新島襄からであった。

また、福澤諭吉と蘇峰にも共通点がある。福沢諭吉がトクヴィルの『アメリカのデモクラシー』の英訳書に取り組んだのは、明治一〇年、福澤が四三歳の時であったが、その五、六年後に、熊本の大江義塾で教育に読書に執筆に大車輪の活動をしていた二一歳の徳富蘇峰も、同じ書物に熱中していた。全巻至る所にアンダーラインが引かれ、「大ニ然リ」「名言不磨」「劃切痛快」「卓識」「議論妙々」などの書入れがあり、いかに傾倒していたかが理解できる。福沢諭吉の著書の中で、トクヴィルの影響が最も顕著に示されているのは、『分権論』（一八七七）である。

また、蘇峰と大隈重信との関わりは詳しくは次章で述べるが、大局的な国家観により、日英同盟の推進などで共感し、英国での親日的世論形成に努力したり、大隈からは新島襄の同志社への支援を受けるなど教育、文化的活動で連携を密にした。

『将来之日本』の発表と言論界へのデビュー

蘇峰が『将来之日本』を生むきっかけになったのは、蘇峰にとって大江義塾での理論武装と実践の成果である。その意味で雌伏五年間、大江義塾での修練の成果は大きい。そして、再び上京後、蘇峰の思想家、文筆家としての処女作『将来之日本』（明治一九年）を田口卯吉の経済雑誌社から出版し、平民主義、反藩閥主義を唱える。同年七月に土佐に新島の紹介状を持って板垣退助を訪ね、著書を渡すが、反応が薄く、落胆する。これに対して新島襄は『将来之日本』を高く評価する理解者であった。新島は蘇峰の求めに応じて、その序文を第三刊で書いている。

「余ヲシテ屢（しばしば）巻ヲ蓋ヒ不覚（おぼえず）快哉ト呼ハシメタリキ、……要スルニ……武備ノ機関ヲ一転シテ生産ノ機関トナシ、圧抑ノ境遇ヲ一変シテ自治ノ境遇トナシ、貴族的社会ヲ一掃シテ平民的社会トナスニアリ、而シテ君ノ論旨中含畜スル所ノ愛国ノ意ハ、全国ヲ愛スルニアリ、全国ヲ愛スルハ全国民ヲシテ各其ノ生ヲ楽ミ、其ノ宜キヲ得セシムルニアリ」と（『新島襄全集1』）。

新島の国家観と蘇峰の『将来之日本』とは、共に明治前期のこの時代に生活社会を発見し、平民主義で共鳴し、西欧的市民国家を認識して意気投合していたのである。

出版元となった東京で、田口卯吉は『日本開化小史』で有名になり、英国の雑誌『エコノミスト』をまねた『東京経済雑誌』を出して自由主義の経済論を唱えていた。そのため『将来の日本』の論旨は田口のメガネにかなったのである。事実、それは蘇峰が予期していた以上の大成功を収め、一躍ジャーナリズムの脚光を浴びることになった。

将来之日本
（国会図書館提供）

蘇峰はすでに明治一七年に『明治二三年後の政治家の資格を論ず』を、翌年には『第十九世紀日本の青年及びその教育』を自費出版していた。前者は『東京毎週新報』に、後者は『東京経済雑誌』に転載されており、手ごたえはあった。いずれも世代交代の主張を根底において、一方では新しい政治家像を打ち出し、他方では新しい教育観を展開したのである。だが世代交代の主張としては、これらの著作には何かが欠けていた。

蘇峰は、『将来之日本』を書くにあたって、国際社会における権力政治の現実を認識し、政治の基本は利己にあり、戦争も平和も利己の行動だと説明するのである。つまり「欧州政略家」の利己主義を打破しないかぎり、平和は実現できないと考えた。

明治一九年の蘇峰は、これらの問題をマンチェスター学派の自由貿易主義と、社会学者スペンサーの社会進化論によってこの問題を解決しようとした。そこで蘇峰は馬場辰猪からもらったモルレー卿の『コブデン伝』を読んでマンチェスター学派の自由主義を知り、大きな影響を受け、そこでは利己心が戦争ではなく貿易による富の増大をもたらし、社会は軍事型から生産型に転換すると説明される。このような歴史的な社会の転換と世代交代の主張がリンクしたとき、『将来の日本』が生まれたのである。

民友社による『国民之友』『国民新聞』の発行

民友社が単なる出版社ではなかったように、『国民之友』もただニュースだけを伝えるだけの雑誌ではなかった。民友社は徳富蘇峰を中心にした「改革」をテーマにした思想集団であって、その発行する『国民之友』はその思想・イデオロギーをもって広く国民大衆を啓発することに目的があった。徳富蘇峰は雑誌発刊のねらいを『蘇峰自伝』で次のように述べている。

「予は本来政治が好きであり、政治が予の生命であった。されど当初から役人にならんとする様な考は一切持たなかった。…予は唯だ世の中の政治を吾が思ふ様に動かし導かん事を欲したる迄にて、それ以外には何等の功名心も無ければ、名誉心も持たなかった…されば著述をしても、雑誌を刊行しても、その目的は本を売って金を儲くるとか、若しくは文学界に覇権を占むるとか云が如き了見は少しも持たなかった。若し書物や雑誌が売れて、予の文名が高くならば、唯だそれに依って聊か予の志を天下に行はんとするに過ぎなかった」

『国民之友』の発行されたのは維新以来二〇年後の時期で、ようやく文明開化による、新しい社会構造並びに政治秩序が形成されつつあった。しかし、この時期の知識層で燃え上がった論争点は、なお近代日本が国家としてあるべき根本的な体系、原理をどのようなものにすべきか、あるいは近代日本と欧米先進国との関係、いわゆる外交政策について多くの問題を抱えていた。三年後の明治二三年に国会開設を控え、政府が着々と準備を急いでいた時期で、とくに評判になったのは条約改正のための露骨な欧化主義で、伊藤博文首相と井上馨外相による鹿鳴館での舞踏会がジャーナリズムの批判の的になっていた。また、新たな門閥が形成されつつあるという不満が社会を蔽い始めていた。官と民、中央と地方、特権階層と普通の人民層との格差は歴然としていたため、このような『国民之友』による「改革」のための先進的記事が期待されたわけである。そのため、主に社説欄に表われた民友社の社会・政治思想は、時の政治家、指導層、知識階層にも少なからず影響を与えることになる。

この間、明治二三年二月には『国民新聞』の発行も始まった。この時点で蘇峰はまだ二七歳に満たない青年記者にすぎないが、ジャーナリズムの世界では、もはや誰も無視できない存在になっていた。

平民主義と民友社のイデオロギー

『将来の日本』は、前述したように、軍備強化型社会から産業重視型社会への転換という歴史観に立って、平民主義を基調にしているが、蘇峰は、初めから、平民主義を民友社のイデオロギーとして掲げていた。平民主義は、Democracyの訳語であった。その概念は、日本を近代化するためには、西洋の先進民主主義国家に倣って日本社会を完全に改革しなければならないということであった。彼の平民主義は、同志社と大江義塾で学んだ一九世紀中葉期の英国に流行した自由主義を本質に据えた政治経済思想の原理を基礎にしたものである。

平民主義の名のもとで、蘇峰は、国民に対して責任を負い、国民の意思、意欲を反映するような立憲代議政体を主張していた。国家の行政はすべての国民に対する平等な権利と義務の保証の上で、法律に従って公正・公平になされるべきである主張した。特に行政に於ける権限と範囲が、一般公衆の福利を進めるために、個人の独力をもってできないことだけに制限されることが理想であると提言した。そして民間における経済活動においては、政府の干渉のすべてに反対し、自由放任経済の原理と自由貿易の実施を主張した。国家の富強と国民の幸福を増進するためには、この二つの原理の実施が最も良い方法であるとした。

この考え方は英国の自由思想の核心である個人主義を背景にしている。まさに、今日の自由主義社会の基本的な骨格を持つ思想体系であるといえよう。

平民主義実現のための方法論には、二つの側面があった。一つは政界での進歩党連合の結成であり、もう一つは農工商による中等社会の成長である。前者の構想は旧自由党と立憲改進党の「進歩党連合」の主張で、自由貿易主義をもとに商工階級の発達と政治的には議院内閣制による社会的、政治的主導権の確立であった。こうした蘇峰の考え方は思惑通りいかなかったが、『国民之友』などによる言論活動は、世論形成と喚起には大きな役割を果たしたことは間違いない。

蘇峰の政治思想の変節

蘇峰が『国民之友』を通じて主張したのは「純乎たる泰西主義」(混じりけがない西洋主義)であり、コブデン・ブライト流（二人とも英国の自由主義政治家）の自由主義・平民主義・平和主義であった。それによって蘇峰は、「第二の維新」として「精神的革命」をすすめ、未完の第一維新であるところの明治維新を完成させようとしたのである。

政治好きの蘇峰が、薩長政権に対抗して政界での進歩党連合を目論むなど、時の政財界人の行動だけでなく、世情の噂や風評にも新聞記者らしい鋭い耳を働かせていた。過去だけでなく、現在の動く歴史を捉えんとしたからである。勿論、それを書くだけではなく、それによって国民に歴史を知らせ、世の世論となり、優れた政財界人がこれを推進することを期待したからである。

そして、蘇峰のいう平民主義は民友社による『現時之社会主義』（深井英五著）の出版などで、社会主義への展望をも含みうるかと思われた。深井は「材料はウイリアム、グラハムの『新旧社会主義』及びジョン、レーの『現時の社会主義』を参照していることを明言している。後年、日本銀行総裁や枢密顧問官になった深井が、若き頃、社会主義思想の日本への導入に一役買っていたということは興味深い。

それにもかかわらず、それから十年も経たないうちに、蘇峰と民友社は国家主義・皇室中心主義・帝国主義に変貌したのである。つまり蘇峰は大日本膨脹論・帝国主義を鼓吹して、時の藩閥政治権力に接近するに至ったのである。すなわち、三国干渉・遼東還付の衝撃から蘇峰は「対露報復」に向けての「臥薪嘗胆《がしんしょうたん》」（目的を遂げるために苦心し、努力すること）を呼びかけ、大規模な軍備増強と台湾の植民地経営を根幹とした「戦後経営」への協力を訴え、強硬な帝国主義論を展開するに至ったのである。その結果、帝国主義への思想変容の過程で、言論活動の独立性を主張してきた権力との緊張関係はなくなり、むしろ権力への志向を強め、それとともに国民新聞は独立新聞から御用新聞へと変質したのである。

直接的なきっかけは、蘇峰が深井を伴って欧米外遊（一八九六年五月～九七年六月）から帰国した後、一八九七（明治三〇）年八月二六日に蘇峰は、内務省勅任参事官に就任したことである。さらに、深井英五は松方首相の秘書になった。

そして読者には、「夫れ我邦の世界に於ける地位、今や一変したりとせば、国家を代表するの新聞紙の地位、亦た固より一変せざる可らず」（「本領を明かにす」一八九七年九月一日）と弁じ、「国民新聞の報道は一に正確を主とす。特に現政府に政友を有すれば其政機に明かなるは勿論」（同九月一七日「広告」）と、政府の機関誌の意義を強調した。

これに先立って、蘇峰は『国民新聞』を松隈内閣の「正統なる唯一機関」とするという覚書を、内閣の主要メンバーと交わしている。それによれば、『国民新聞』は「日本国民に対して現内閣を代表し、世界に向かっては大日本帝国を代表する」と規定し、政府から資金援助を受けての報道機関紙になったのである。

これまで、どちらかといえば藩閥批判の『国民新聞』は一八〇度の転換である。松隈内閣は「吾等が製造」したという意識があったことを考慮すれば、この内閣の意志を代弁する機関という自負と義務感をもったのも自然の成り行きであった。

蘇峰の時代の大勢を観た風見鶏、便宜主義的な判断で選択したのである。この政府機関紙の構想は大隈にとっては、初めてではない。かつて伊藤、大隈、福澤の三者会談で、福澤がその役割を担うことに一度は合意した。それが明治一四年の政変で流れてしまったのである。

さて、蘇峰が勅任参事官に就任して二か月後、松隈内閣を支持した進歩党は内閣改造、経費節減を要求して政府と対立し野党化した。それとともに、蘇峰と同時に勅任参事官に任官した尾崎行雄など進歩党系の官吏は免官になり、さらに、蘇峰が最も信頼していた大隈重信も辞任してしまう。そして内閣は松方だけの片肺飛行になる。蘇峰は行きがかり上、不人気の松方について残留したが、松方内閣もそれから二か月後に倒壊した。その結果『国民新聞』は政府機関紙としての役割に殉じたのである。

国民新聞の変質と統合

『国民之友』は創刊以来、明治二〇年代の代表的な総合雑誌として、進歩的・改革的な精神で世情を分析し、先駆的な啓蒙誌の役割を十分に果たした。その頃、自由民権運動は、すでに興隆期を過ぎていたが、『国民之友』は自由思想の最後の牙城として存在し、わが国で最も早く社会主義を紹介宣伝し、政治思想、社会問題などを論じてわが国の近代化のために大きな貢献をなした。

しかし、民友社から出した雑誌と新聞が一世を風靡したのは明治二〇年代だけで、日清戦争後の明治二八年、博文館から『太陽』が創刊され、総合雑誌の勢力図が一変する。『国民之友』から『太陽』へと世代交代するのである。『太陽』は雑誌全体を貫く統一的思想はないが、様々な言説や情報を束のまま提示するもので、何といっても「量的膨大さ、紙数の多さ」「百科的網羅性」が魅力であった。民友社とも縁が深く、蘇峰の友人でもある浮田和民が明治四四年から九年間主幹を務めた。

明治三〇年八月には、この蘇峰が変節の非難を浴びて、『国民の友』は売れ行き不振になる。窮地を切り抜けるために、月刊に戻したが、結局、その打撃から立ち直ることができず、その一年後に明治三十一年八月第三七二号をもって廃刊になった。民友社は事業縮小のため『国民之友』の廃刊に続き、『家庭雑誌』『極東』も廃刊し、『国民新開』一本に統合されたのである。

『国民之友』は、一一年間にわたり継続した（発行停止を命じられたこと五回あり）が、「御用新聞」の烙印をいったん押されると、方向転換できなかった。『国民新聞』自体も経営上、危機的状況に陥ったが、蘇峰は懸命に再建に取り組んだ。政治的にはこの間の歴代内閣に対して、「予の位置は伊藤派でもなく、山県派でもなく、（中略）一個の愛国狂者」として中立を維持したのである（『蘇峰自伝』）。

そして『国民新開』は、明治三四年の桂内閣成立と共に、再び政府の御用新聞、機関紙化するのである。

第九章　徳富蘇峰が観た三人の校祖

新島襄と「自責の杖」事件

徳富蘇峰（学生時代は猪一郎）は、熊本洋学校の廃校により東京英語学校へ転校したが、二カ月で退学し、一八七六（明治九）年一〇月、同志社英学校へ編入学した。金森通倫など熊本洋学校の先輩や同輩（熊本バンドと呼ばれる）が大挙して同志社へ移ったことを知ったからである。入学後翌日に、新島校長から私邸に招かれた。これが最初の出会いであるが、さつまいもの羊羹が出され、帰りにネルの下着を二着もらったという。新島三三歳、徳富一三歳の時であった。この時以来、新島の魅力に惹かれ、明治九年一二月三日に新島から金森らと共に洗礼も受ける。しかし蘇峰は後に自伝で、「キリスト教を信じるというよりも、新島先生を信ずるということで、キリストを経由して、神に近付くといふよりも、新島先生を経由して神に近付くという事であった」と、新島信仰ともいえるものであったと白状している（『蘇峰自伝』）。

蘇峰の同志社在学は約三年半であるが、中退するきっかけになったのは一八八〇（明治一三）年四月一三日の「自責の杖」事件である。事件の発端はクラスの合併問題であった。四月に二年生の上級と下級の授業を合併することが決定されたのに対して、上級クラスの生徒が反発し、これに当事者でない最上級の徳富蘇峰らが加担し、学園ストに発展したものであった。新島は全校の朝礼で、校則を破った生徒たち、対応に手抜かりのあった教員を責めずに、校長たる自分の「不行届と不徳」を責めると言って、持参した杖で自らの手のひらを殴打するという事件であった。生徒に「規則の重んずべき」を教え、両眼に涙を浮かべ、杖は八、九本に折れるという衝撃的な出来事であった。

この事件で、新島にとって苦慮した点は、新島家の養子の新島公義が上級組の一人、それもリーダーであったことと、新島公義とともに徳富健次郎（蘆花）も名を連ねていたことで、心痛の一つであった。そして、この事件の背景には、熊本バンド出身者間の対立があった。海老名弾正、金森通倫らのバイブルクラスと大久保真次郎、徳富蘇峰らの同心交社である。智と徳の優位性をめぐって激しい議論があり、前者は道徳を主張し、後者は知識の道徳に対する優位、つまり道徳行為の根本は知性にあり、知性なき道徳的行為は悪事になることもあると主張した。

結局、合併問題は解決しても、バイブルクラスとの長年の葛藤が尾を引いた。その勢いに押され、自責の杖事件を機に、大久保真次郎をリーダーとして徳富も従い、中途退学の道を選んだのである

（『新島襄と徳富蘇峰』）。草創期の同志社に大挙して入学し、信仰・学業のいずれにおいても他を圧した蘇峰のかつての仲間たちに、蘇峰らは不信をつのらせ、同志社での学問のあり方にも不満を持ったのである。

そして、卒業を一ヵ月後に控えた一八八〇（明治一三）年五月二五日に、新島の説得を振り切って突如、東京へたつ。東京へ出る前に別れの挨拶に新島邸に立ち寄り、その時新島から「大人にならんと欲せば自ら大人と思ふ勿れ」と書いた写真をもらう。蘇峰は京都第二公会へ退会を申し出、同志社退校はキリスト教離脱を意味した。新島という人格への心酔は、この時、変質して敬愛の気持ちに変わったわけである。新島にもこういう徳富を許す、心の大きさがあり、倜儻不羈の青年を見守り、将来を期待したのであった。

新島襄と同志としての活動

徳富と新島との距離は、蘇峰が同志社を退学してからむしろ急接近する。蘇峰は一時、新聞記者になるべく上京したが、一八八二（明治一五）年帰郷し、数え年二〇歳の若さで熊本郊外の大江村に、自らの勉学を兼ねて私塾「大江義塾」を開く。この塾の開設前、明治一三年には新島が宣教のため熊本に立ち寄った折、蘇峰は宿泊中の旅館に新島を訪ね、準備中の塾について相談する。その結果、

徳富蘇峰
（国会図書館提供）

「両者の間に於ける蟠（わだかま）りも解け」（『蘇峰自伝』）この日、夜の更けるのも忘れて一一時まで話し込んでいる。新島はその時、蘇峰の「青少年教育の熱意」に賛意を与え、激励の意味でアメリカから持ち帰ったカタルパの種子を贈ったという。

また、新島は明治一五年一月四日に、徳富宛てに新年の書簡を送り、その最後の余白に「小生も兄の為に祈ることは怠らないから、兄もまた小生のために祈ってもらいたい」と書き添えてあった。これは、新島の大学設立に向けての活動と徳富の開塾とを重ね併せて、師弟互いの事業を祈り合いたいという意味と受け取れる（『新島先生と徳富蘇峰』）。

大江義塾は、**吉田松陰**の松下村塾が標榜した地方青年の教育の場がモデルである。蘇峰は横井小楠以来の肥後実学党の後裔を自負していた。自由民権運動に身を投じた徳富蘇峰は「我が少年社会の版図を回復し、我が少年国をして不羈独立して自主自由なる世界」とその目的を明らかにしている。大人の世界の権力への挑戦ともいえるもので、熊本洋学校、同志社での経験と自由党総裁の板垣退助の自由民権思想を反映している。

大江義塾は四年半存続した。この間に蘇峰が教えた生徒数は年齢、学歴、入塾期もまちまちで、延べ二五〇人を超えた。そして、この塾からの「功名少年」の輩出という現実と新聞と演説が、「功名心」を満たす手段であることを確認した。

そして、蘇峰は塾の経営をしながらトクヴィルの英訳書『アメリカのデモクラシー』などから知識を吸収し、執筆に励んだ。若き蘇峰の思想形成期ともいえる時期であった。こうして自らもジャーナリストとしての才覚を意識し、執筆したのが『明治二十三年後の政治家の資格を論ず』だった。明治二三年は国会開設が予定されていた年で、それ以後の政治家の資質について論じたものである。自由党の『自由新聞』の論説と同じ図式を使いながら、学者が主張する「立憲政治家」と民権運動の活動家が唱える「東洋流の創業家」を挙げ、両者を兼備した「改革政治家」が必要であると唱えた。かくして、蘇峰は大江義塾の教育で意識した政治思想家・徳富蘇峰を誕生させたのである。その後、再び上京後に、蘇峰の思想家、文筆家としての処女作『将来之日本』（明治一九年）を出版し、平民主義、反藩閥主義を唱える。同年七月に土佐に新島の紹介状を持って板垣退助を訪ねて著書を渡すが、反応が薄く、落胆する。これに対して新島襄は『将来之日本』を高く評価する理解者であった。新島は蘇峰の求めに応じて、その序文を第三刊で書いている。

「余ヲシテ屡（しばしば）巻ヲ蓋ヒ不覚（おぼえず）快哉ト呼ハシメタリキ、……要スルニ……武備ノ機関ヲ一転シテ生産ノ機関トナシ、圧抑ノ境遇ヲ一変シテ自治ノ境遇トナシ、貴族的社会ヲ一掃シテ平民的社会トナスニアリ、而シテ君ノ論旨中含畜スル所ノ愛国ノ意ハ、全国ヲ愛スルニアリ、全国ヲ愛スルハ全国民ヲシテ各其ノ生ヲ楽ミ、其ノ宜キヲ得セシムルニアリ」と（『新島襄全集1』)。

新島の国家観と蘇峰の『将来之日本』とは、共に明治前期のこの時代に生活社会を発見し、平民主義で共鳴し、西欧的市民国家を認識して意気投合していたのである。

こうして、新島襄と徳富蘇峰の師弟による同志的活動は総合大学設立活動と教会合同の反対運動で発揮される。蘇峰は明治二〇年前後の二人の間柄について、「とにかく予と先生との関係は、これまでに幾十倍するほどの親しみを加え来た」と述べている(『我が交遊録』)。さらに、新島の同志社大学運動の意義に触れ、「同志社運動は同志社それ自身の発展に資することは当然であるが、新島個人に対してもそれは多大の影響を与えたと公言する。明治一四、五年ころの新島と二〇年以後の新島の変化を指摘して、そこには「心理的大変化」もしくは「大進化」を看取しうる」とスケールの大きくなった師匠に満足している(『新島先生記念集』)。

もちろん、もう一方の教会合同問題に関しては、新島の教会合同反対の意思に沿って、蘇峰は柏木義円と共に、熊本バンドの反主流派に働きかけ、反対運動を繰り広げた。学生時代の熊本バンド内の「智徳論争」が再現したのである。このように、二人は師と弟子という関係を離れて共通の志に向け、緊密な同志の間柄に変貌していたのである(『新島襄全集』)。

吉田 松陰（一八三〇～一八五九）
長州藩士・杉百合之助の次男として生まれる。一八三四（天保五）年、山鹿流兵学師範である吉田大助の養子となる。叔父が主宰していた松下村塾の名を引き継ぎ、安政四年、松下村塾を開塾する。この松下村塾において松陰は、久坂玄瑞や高杉晋作、伊藤博文、山縣有朋らを育てる。思想家、教育者、兵学者として一般的に明治維新にも影響を与えた。安政の大獄で処刑される。

民友社の片腕、湯浅治郎は同志社へ

徳富蘇峰は一八八七（明治二〇）年、義兄の**湯浅治郎**の支援を受けて「第二の明六社」ともいえる民友社を東京京橋に設立した。平民主義を掲げ、総合雑誌の先駆けともいえる雑誌『国民之友』を二月一五日に創刊した。これが政治だけでなく文芸面にも力を入れたため、異常なほどの人気を呼ぶのである。

蘇峰は、勢いに乗って「国民新聞」も創刊、社長兼主筆として健筆を振るう。森鴎外や坪内逍遥、幸田露伴ら作家との交流も深く、文学者に活動の場を提供したり、外国の先端的な作家を日本に紹介したりするなど、文学界にも貢献する。

一八九〇（明治二三）年二月には、「国民新聞」も創刊、社長兼主筆として新聞記者として

湯浅治郎

の活躍が始まる。なお蘇峰は国民新聞発刊時の所要資金のうち、五〇〇〇円を新島襄の保証で借入している。すでにこの頃から同士の絆が強くなっていた。

また湯浅治郎が副社長格で経営の全般をみることになった。文明社会の自由・平等・平和的性格を力説し、武備主義から生産主義への転換を主張した平民主義の鮮烈なアピールと「政治社会経済及文学之評論」と銘打った総合雑誌の斬新な編集によって『国民之友』は大変な好評を博し、発行部数も一〇〇〇部も出れば上々といわれたのが、創刊号で七五〇〇部、一年後には一万部を超える売れ行きを示した。

このように蘇峰はジャーナリストとしての仕事が多忙になり、「国民之友」の論説のマスコミへの影響も次第に大きくなり始めた。そして、蘇峰は新島襄の同志社大学設立の活動は忘れなかった。時の政財界の有力者も蘇峰の存在を無視できなくなり、大学設立活動にも良い影響が出始め、その後の展開を有利に進めることができた。

そこで蘇峰は明治二一年、『国民之の友』の誌上で同志社大学設立の計画を紹介することを思い立ち、新島に申し出た。そして、同年三月発行の「国民之友」第一七号に「福澤諭吉君と新島襄君」という長文の論説を掲載したのである。福澤と対比させて知名度では劣る新島襄を世間に宣伝するためであった。

この時点で、相棒である湯浅治郎は同志社の理事に就任し、関東での募金の総括と財政責任者になる。

このように、新島の総合大学設立基金のために、財界へ根回しをしたのが徳富蘇峰と湯浅治郎である。特に井上馨、大隈重信、陸奥宗光らとの折衝と新島襄の代理活動は貴重であった。二人の献身的な努力があって、関東での基金募集にメドが立つのである。

さて、徳富、湯浅と大隈、そして陸奥宗光の肩入れと根回しが実って、一八八八（明治二一）年七月一九日、井上馨、大隈重信前、現外務大臣二人の尽力によって、大学設立資金募集の説明会が渋沢栄一をはじめ政・財界の大物たちを集め、大隈外務大臣官邸で行われた。

新島襄は湯浅治郎、徳富蘇峰・金森通倫・加藤勇次郎を伴い出席し、設立の趣旨を熱誠あふれた弁舌で、説明し、その援助を求めた。このとき井上が自ら筆を執って勧進帳をつけ、かくして一夜にして合計三万一千円という募金が集まったのである。

湯浅治郎　（一八五八〜一九三二）
新島襄から洗礼を受けた日本で最初の弟子。安中教会設立。家業の有田屋の経営の他、群馬県会議長、群馬県選出の衆議院議員、日本鉄道会社の副社長など政財界で活躍。新島襄亡き後、多年同志社理事として、学校の財政基盤を確立した功労者。

在野精神の政治家・大隈重信を尊敬

徳冨蘇峰が大隈重信に最初に会ったのは、蘇峰二三歳で『将来の日本』を出版した一八八六（明治一九）年である。毎日新聞の島田三郎（後に毎日新聞社長、衆議院議長）の紹介で面会している。大隈は当時四九歳で、「明治一四年の政変」で一度下野して、再び外務大臣に就任する直前のことである。蘇峰はその時の印象を「近寄りにくい威容があった」と言っているが、大隈の方がむしろ若手ジャーナリストに慎重になったようである。

その後、蘇峰は熊本を引き払い、上京する。そして、民友社の設立と「国民之友」発刊で、本格的にジャーナリストへデビューすると共に、藩閥政治に距離を置く大隈の手腕に期待し、早稲田まで押し掛け、話し込むようになった。

政治面では、明治二〇年代の日本は、国会開設、憲法制定と条約改正という重要事項に直面していた。徳富は国会開設後の総理大臣は大隈だろうと予測し、大隈重信と立憲改進党の有利な記事を再三書いている。一方で徳富は、新島襄の募金活動を支援するため井上馨にも接近している。井上馨外相が条約改正に失敗した後を受けて、明治二一年二月、大隈重信が外務大臣に就任する。徳富は大隈側に立って大隈条約改正案を支持し、保守派や後藤象二郎らの旧自由党系の反対運動に「国民之友」で対抗した。

しかし、大隈条約案は、明治二二年一〇月一八日に、大隈が福岡の国権主義団体・玄洋社の社員・来島恒喜に襲われて重傷を負い、黒田内閣も崩壊したことで挫折した。このため、徳富が描いた立憲改進党中心の新しい政治勢力結集の予想も崩れた。

ある日、思い切って蘇峰は政界カムバックの決意を大隈に直接聞いた。その時、大隈も蘇峰の熱心さと誠意に心が動き、「自分も足を切られた当座は、野鶴閑雲、政治意外に奉公の道を致そうと考えていたが、爾来当局者（薩長政府）の自分に対する態度が、余りに陋劣を極めているから聊か癪に障らないこともない。それは兎も角も、自分も機会さえあれば、必ず国家の為に尽くさんと思っている」と話した。その時、蘇峰は感動し、この人に総理大臣になってもらって存分の働きをして貰いたいと思った。そこで、徳富は大隈の手腕に、松方の信用の連携が最適であると考え、密かに松方正義と大隈重信の連合を計画したのだった（『我が交遊録』）。

徳富と大隈との関係は、政治家とジャーナリストの関係として、政治的なつながりを次第に強める。薩長藩閥の抵抗を予想しながらも、蘇峰は大隈の復活を願って応援団になり、政治の世界で浅からぬ関係になるのである。そして新島襄との関係も急速に親密さを増すことに成功する。福澤とも親しい大隈は、新島襄への肩入れに「福澤が焼餅を焼くのは困る」と蘇峰に漏らしている（『徳富蘇峰終戦後日記Ⅳ』）。

徳富は一八九六（明治二九）年から一年余りをかけて、欧米巡歴の旅に出る。同行者は英語が達者な同志社出身の後輩、**深井英五**（後の一三代日銀総裁）である。

この時の旅行費用一万円に近い資金は大隈重信の口利きで銀行から借金して調達している。松方正義とも親しかった徳富は、第二次伊藤内閣の後の政権を松隈内閣にすべく努力をしている。また、外遊途次、英国に滞留中、日英同盟の道筋つけるため、加藤高明駐英公使の協力を得て積極的に活動している。このように、欧米巡歴中でも大隈と連絡を取り合って、政治的な連携を強めていた。徳富は松隈内閣との関係から書記官長や駐英公使のうわさが飛んだが、帰国直後に新設の内務省勅任参事官に就任した。また、深井英五は松方正義の秘書になった。そして明治三四年の桂内閣成立と共に、国民新聞は政府の御用新聞、機関紙化したのである。その結果、蘇峰の変節といわれながら、政治家のブレーンとしての歩みは、日英同盟が明治三五年に締結した後も続くのである。

明治三一年に憲政党が結成され、第一次大隈内閣が成立する。日本初の政党内閣であったが閣内不統一で短命に終る。そして大隈は大正三年に再び組閣し、二度目の内閣総理大臣になったわけである。このように、大隈重信は政治家として名をなし、国政における重要な役割を果したが、生涯、薩長藩閥に対抗して、在野精神を保ち続けた。独立不羈が貫かれたといえそうだ。

深井英五（一八七一～一九四五）
旧高崎藩士の深井景忠の五男として高崎市に生まれる。一八八六（明治一九）年、ブラウン奨学金に選ばれ、同志社普通学校入学。直接、新島襄から教えを受ける。卒業後、蘇峰の民友社、国民新聞へ入社。外報部長を経て、大蔵大臣松方正義の秘書官へ転ずる。明治三四年、日本銀行へ入行。営業局長、理事、副総裁を経て第一三代日銀総裁に就任。

教育家・文化人としての大隈重信

大隈の高等教育機関創設の動機は、フルベッキから聖書とともにアメリカ憲法を学んだことにある。その前付けとなっている「アメリカ独立宣言」に多大の興味を持ち、その起草者であるアメリカ第三代大統領のジェファーソンに最大の尊敬の念を抱く。そのジェファーソンが、一方でアメリカ最初期の政党、民主党を結党し、他方で、ヴァージニア大学を設立していることを知るのである。たまたま政敵に追われて早稲田大学を創立したわけではなく、教育者として学識と理念を持っていたのである。

徳冨蘇峰の同志社で一年先輩である早稲田の浮田和民は「太陽」の主宰者として名をなしたが、一九〇八（明治四一）年には大隈の希望と浮田教授の努力によって大日本文明協会を設立した。大隈が会長に就任し、「東西文明の調和」をねらいに、欧米の最新名著の翻訳出版、文化講演会、時局講演会を展開した。日本の文明を欧米の知的水準まで高めるという意味合いが強いもので、それにより文化意識の高まりと新しい国民像を創り上げることが大隈の願いであった。大隈は一度も外国に行かず、雄弁家で、五〇余冊も出版しながら直筆を残していないが、政界だけでなく文化界にも顕著な影響を与えた（『志立の明治人』）。

徳富蘇峰は松方内閣が互解後、一時、大隈と疎遠になっていたが、大隈に園遊会への招待を受け、久しぶりに会った。そして、浮田が高く評価していた通り、大隈の文化人振りに驚く。さらに蘇峰を驚かせたのは、大隈が蘇峰の『臣節論』（臣下として守るべき節操を論じたもの）を激賞して、その数句を自ら暗記して他に紹介したことである（『我が交遊録』）。一方、蘇峰は、大隈は維新のあらゆる政治家の中で有名な読書家であり、学者として世に出たら福澤以上になったとその知識、博識振りを評価している。

大隈が自分で創立した早稲田大学に落ち着くには、大隈に一九〇八（明治四一）年総長に就任するまで、三〇年間待たねばならなかったが、まさに総長職が適職の人物であった。

また蘇峰と個人的な関係では、蘇峰が足の負傷で休んでいる大隈に、大隈の好きな南洋の蘭を病床に贈ったところ、返礼として、大隈は蘇峰の父・一敬に盆栽の鉢植えを贈った。その盆栽は老いた両親が住む逗子の老龍庵の庭に植えられ。四〇年以上経っても樹形が見事だという（『我が交遊録』）。

このように、二人は大隈と福澤の関係と同程度に、親しい関係を晩年まで続けたのである。

徳富蘇峰による福澤諭吉論

徳富蘇峰が福澤諭吉と最初に会ったのは比較的早く、一八八二（明治一五）年の夏である。熊本に大江義塾を開く少し前の在京中、友人たちと従兄の江口高邦に伴われて福澤邸に赴いた。江口は福澤門下の一人で、その東京府会議員に選挙の時には、福澤の財産の名義借りて立候補の資格をつくったという。その時の模様を徳富は『蘇峰自伝』で次のように述べている。

…予は平生福沢翁の立言に余り多く感心せず、ことに当時翁が官民調和論を唱え、姑息の妥協論を主張するかのごとく考えられて、頗る不満であったから、予は出会い頭に、「先生は学者として世に立たれる積りか、政治家として世に立たれる積りか。学者ならば千古の真理を探明するが目的であり、政治家ならば当今の務めに応ずるが当然であろうが、先生の所論はいずれとも予には判断しかねる」といったら、福沢翁はその質問に答えず、「貴君は書物を読むか」と訊いたから、「勿論読んでいる」と答えた。翁は、「いずれ貴君が書物を読めば、追って判るであろう」との事で、話はそれで済んだ。

帰途に江口は予に向って、「初見の先生にさような議論を吹掛くるなどとは、余りに大胆すぎる」と、頻りに予をたしなめた……

その後、徳富は大江義塾の経営後、蘇峰は本格的に明治一九年に上京し、ジャーナリストとしてデビューする。そして前述した『国民之友』第一七号の社説で、「福澤諭吉君と新島襄君」を掲載した。この時点で福澤諭吉の名は彼の著書『文明論の概論』や『学問のすゝめ』などで広く知られて各界に深く浸透していたが、一方の新島襄は、一部宗教界は別として、東京圏ではそれほど知られた存在ではなかった。だからこの社説は、いわば新島の社会的なデビューを蘇峰が初めて演出したものだった。

蘇峰は「福澤諭吉君と新島襄君」の中で、まず、私学が教育界で果たす大きな力を指摘したあと、民間教育家としての福澤と新島とを取り上げる。彼らは明治の教育の「二大主義」を代表するばかりか、欧米文明の「二大元素」を輸入する案内者でもあるとし、すなわち、前者は「物質的知識の教育」に、そして後者は「精神的道徳の教育」の普及に取り組み、新島は人をして「高尚なる生活世界」、すなわち精神的世界に立つ指導者として位置づけた。

「智者楽〻水。仁者楽〻山。智者動。仁者静』は二人の教育主義を評する適当な語であるとしている(『明治人が観た福澤諭吉』)。

続いて翌明治二〇年『新日本之青年』の第二作を出版した。蘇峰は『新日本之青年』の中で、現代教育の一派偏知主義の代表者として福澤を挙げ、偏知主義教育が徳育を無視する弊を指摘して、福澤の著の徳育はどうなっているだろうかと欠点に言及している。しかしこの蘇峰の両書に、『学問のすゝめ』『文明論之概略』を参考にしたことが認められ、初期の蘇峰の思想形成に、福澤の影響が大きかったことは争うべくもない。『新日本之青年』の中でヨーロッパ文明を物質的文明と精神的文明とに分け、前者を「自愛主義」、「肉体ノ世界」、「智力ノ世界」と捉える一方で、後者を「他愛主義」、「霊魂ノ世界」、「道徳ノ世界」と見なすと二者を明確に区分している。徳富は福澤が前者を代表し、新島が後者を代表すると見ていることは言うまでもない。(『新日本之青年』)

こうして見ると、この点に関する限り、蘇峰の福澤観は首尾一貫している。「福澤教育は取らんが為の教育にして、新島教育は与へんが為の教育なり」との結論を導き出していたといえる(『新島襄先生』)。

そしてさらに、従来、熱心に輸入されて来た物質上の文明は、その根底にある精神的道徳なしには一朝にして枯死せざるを得ないとし、それゆえ、その精神的道徳の輸入は今日の急務であり、新島の事業が待たれる所以である、と続けた。

この内容から見ると福澤は引き合いに出されただけで、新島に期待を持って新島を世間に紹介するものであった。新島を福澤と比較、対比させるという大胆なもので、蘇峰流表現からいえば「福澤は大切なものを欠く、その欠けたものを補完するものこそ新島である」という論法である。これに対して時事新報は、当然のことながら無視する態度に出た。

さらに、新島を慕い、その門下である徳富の福澤批判は一方で、思想家としても相対峙する関係であった。

言論人として福澤諭吉が目標

徳富蘇峰は言論人としては福澤が目標であり、明治維新の功労者として尊敬の念を持っていたことも事実である。一方、蘇峰の思想形成に福澤の影響が大きかったことは弟、**徳富蘆花**によって明らかにされた。

蘆花の自伝小説「富士」の第三巻第三章に次のような記述がある。

「十代から記者を志した彼に、福澤は標的の一人であった。彼の同志社時代、『学問ノすゝめ』は一冊出る毎に購ふて、批圏で眞黒にしたものである。
十五六の彼は、坊間売って居る福澤の写真の裏に『君コソハ我畏友ナリ』と書いて居た。彼の家塾の課外読本には福澤の文があった」

徳富蘆花
（国会図書館提供）

蘇峰が自ら語ることを欲しなかった福澤との深い結びつきが、弟によってすっぱ抜かれている（『徳富蘆花集第19巻』）。

蘇峰は早くから福澤の文を貪り読み、甚大な感化を受けながら、しかも如何にしてこれにけちをつけるかに腐心したのだった。なぜ蘇峰はそれほど深く傾倒した福澤にことさら張り合うことにしたかである。徳富は常に福澤の著作に親しみ、ジャーナリストの大先輩ともいうべき福澤の優れた理解者であったが、青年期の徳富は、福澤の安易な官民調和論が物足りず、資本主義一辺倒の経済論にも賛成できなかった。『国民之友』二二四号（明治二七年四月）時事欄の「福澤氏の社会貴族主義」という短い記事は、『時事新報』所載「小投機を制するは大投機を行ふに在り」という福澤の投機奨励論に対して反論している。これは断片的な福澤論であるが、当時、福澤をもって単なる功利主義者、拝金主義者と見る向きの多かった中に、徳富の観る目は確かであり、的を得ている。福澤をもって「行、言を掩《えん》はざる者」（実生活の方が言論以上に優れている者）と評し、福澤の真精神はその多くの門下生からさえ理解されていないと嘆じている。

徳富蘇峰はこの文とほぼ同時に、『国民之友』二七五号（明治二八）年にも、「福澤諭吉翁」の一長篇を掲載した。それは福澤の還暦（明治二八年一二月）に際しての所感で、福澤の独立自尊主義を礼賛している。

「其言ふ所は区々の理論にあらず。国民の根本思想に触れ、万代を通じて人間の尊貴をして力あらしむるもの也。彼を非愛国と云ふ大愛国者の、国民に功ある、彼の如きものある乎。彼を自利宗徒と云ふ大強硬家、黄金官位に屈せざる、果して彼の如きものある乎。浅薄と云ふ哲学宗教家、果して彼の如く人生の第一義たる独立を解し得たるものある乎。吾人は未だ一人を見ず。吾人は速に彼を以て濁世の哲人とせざる能はざる也」と福澤を評価している。

福澤は、学問と教育が政治権力から完全に独立すべきであるという原則に基づいて、「独立自尊」を慶應義塾の建学の精神にしている。独立は「国家権力や社会風潮に迎合しない態度」、自尊は「自己の尊厳を守り、何事も自分の判断・責任のもとに行うこと」を意味している。権力をもって人を治める官尊民卑的な立身出世主義ではなく、社会の中で自らその身を保全し、一個人としての職分と社会的義務を自分の判断と責任において尽くすということである。

後年の蘇峰は『大正の青年と帝国の前途』の中で「大正の青年たるもの、須らく福澤の言を学ばず、其の人を学ぶべし。言は一時の方便也。人は不朽の人格也」と高い評価をしている（『近代日本思想体系』）。

それについて、歴史家で日本思想史の第一人者である**家永三郎**は「蘇峰は早くから福澤の文を貪り読み、甚大な感化を受けながら、しかも如何にしてこれにけちをつけるかに腐心したのであった。何故に張り合おうとしたか、それは福澤が徳富にとりジャーナリストとして長も競争相手とするに十分な好敵手であったからに外ならない。有力な思想家よりとるべきものを多く学び、然る後これを痛烈に批判して新たなる旗幟をひるがへすのが、古来より多くの独創的思想家の採った常套手段であり、富永仲基が思想史の通則として発見した『加上』の原理である」として、徳富が福澤思想の継承者であることはすでに明白であると断じている（『日本近代思想史研究』）。

新島襄の大学設立活動の中で、徳富蘇峰と民友社の役割が大きかったことは前述したが、民友社を創った徳富蘇峰のねらいは、言論界でも第一人者としても啓蒙思想家としても先輩である福澤諭吉を目標に、少しでも近づき、追い越すことでなかったかと思われる。

要するに福澤は徳富にとっては早くから仰ぎ見るべき大きな存在であったのと、福澤の著者が彼の思考法、発想に少なからず影響を与えたからである。

また、『徳富蘇峰終戦後日記Ⅳ』で徳富は

「福澤の書いた本は、一通り読んだ積りである。一〇歳内外の頃には、福沢の『世界国尽し』が流行し、予も殆どそれを暗記していた。今日でも尚お若干の記憶が残っている。『世界国尽し』は、童蒙に暗記させる為に作ったものであろうが、福澤の世界観は、殆どこの裡に盛られている。例えば、支那を頭からこなしつけ、英米を推奨し、殊に米国を持上げ、また普魯士（プロシア）新興の勢を指点し、露国の前途恐るべきを強調したるなど、何れも予には多大の印象を与えた。……福澤氏著書の『学問のすゝめ』の最後の篇、若くはそれに近き第に、予が同志社在学中に、批評を加えたるものが、今尚お存している。これを以てしても、予は福澤氏の著書を、よく読んでいわた事が判かる。されば決して食わず嫌いという事は、ない訳である」

と言っている（『徳富蘇峰終戦後日記Ⅳ』）。

面談の機会は江口高邦に紹介され、一度だけ会ったが、その後も面会を求めた形跡は一切ないようで、むしろ意識的に接近しなかったというのが真実であろう。それゆえ、蘇峰がジャーナリストとして成功した後も福澤との交流はなく、師匠の新島同様に疎遠だったのである。

このように、福澤諭吉と新島襄とは共感と確執があったように、徳富もまた福澤と対立がありながら、一方で思想家としての共通性を否定できない。徳富が望んだのは、福澤との徹底したジャーナリストとしての議論を戦わすことではなかったか思う。

そのことについて、家永三郎は両者と「時事新報」と「国民之友」論説を引用して

①封建制度における儒教道徳批判

②封建的身分制度、官尊民卑の不合理の打破

③家族制度の改良と女性の解放

など両者の主張で一致する点も多いとし、両者の論説を比較、検討した結果、「徳富が常に福澤を非難し、福澤に対立する意識を抱いていた」にもかかわらず、「主観的には新島襄の門下を以て自任した徳富は、客観的にはむしろ福澤の門下生であったと云はねばならぬ」と言っている（『日本近代思想史研究』）。

そして、さらに明治一〇年代と明治二〇年以後では非常な違いがあり、二〇代では福澤の思想に不満を示す者も多く、徳富の福澤批判にはそうした時代背景もあって世論からの支持もあったとし、徳富の思想は単なる継承者ではなくて、発展者であると、徳富蘇峰を評価している。

徳冨蘆花（一八六八〜一九二七）
横井小楠門下の俊英であった父・徳富一敬の次男として熊本県水俣に生まれる。「熊本バンド」の一人として同志社英学校に学びキリスト教の影響を受け、トルストイに傾倒する。民友社に入社したが、自然詩人として出発し、小説『不如帰』はベストセラーになった。また、エッセイ『自然と人生』はその文章が賞賛され、一気に人気作家となった。

家永三郎（一九一三〜二〇〇三）
愛知県名古屋市生まれ。父は陸軍少将家永直太郎。一九三七（昭和一二）年東京帝国大学文学部国史学科卒。東京帝国大学史料編纂所、教学局日本文化大観編纂助手などを経て、昭和一九年東京高等師範学校教授。後の東京教育大学文学部教授に就任した。日本史教科書の検定をめぐって、国を相手にした長期裁判は有名。

師弟をつなぐ愛国心とナショナリズム

一八九〇（明治二三）年は徳富蘇峰と湯浅治郎の二人にとって、大きな節目の年になる。新島襄が神奈川県大磯の百足屋《むかでや》にて、四六歳一一カ月で逝去したからである。蘇峰は師の臨終に立ち会い、遺言を代筆する。替わりに民友社の副社長を兼ねる湯浅は蘇峰のために国民新聞誕生披露宴を仕切る仕事に専念する。この後、蘇峰は世間にジャーナリストとして華々しく乗り出すのに対し、片や湯浅治郎は華々しい政界から早々と引退し、新島襄亡き同志社を案じ、地味な教育界に身を潜めることになるのである。

湯浅治郎は政治家として、群馬県の県会議長を務め、廃娼運動の先頭に立つなど、地元の期待も大きかった。そして明治二三年、第一回衆議院議員選挙に群馬県から立候補し、当選した。大隈が総裁を務める立憲改進党に所属し、予算委員会で、財政担当の第一文科委員長を務めた。

それでは、なぜ湯浅が議員辞職にまで踏み切り、自宅まで京都に移し、同志社のために尽くそうと考えたかであるが、新島との運命の出会いから、渋沢、大隈、井上ら政財界人と接触し、寄せられた好意を無にしたくないという当事者意識と責任感だと思われる。特に財務担当理事として、新島死後大学設立募金の確定分を渋沢栄一の協力を仰いで進める仕事も残っていた。そして新島亡き後の同志社の健全な経営が大きな課題であったのは間違いない。徳富か湯浅のどちらかがそれにあたるのは、いわば運命的なものであった。

徳富は、湯浅治郎のように同志社内部での活動ではない、民友社、国民新聞において、同志社を支援し、政財界のパイプを駆使して、同志社への支援を続けることになる。

ところで、新島襄は法学部を東京に置くようにと遺言で残した。そして自らも大磯の東海道線の駅近くに土地を買っていた。徳富はそれを実行すべく、理事会に諮ったが、宣教師たちの反対で実現しなかった（『徳富蘇峰終戦後日記Ⅳ』）。

一九一二（明治四五）年の専門学校令による同志社大学の開設に際しては、激務に追われながらも、政治経済部創立委員長に就任するなど、蘇峰は生涯にわたって同志社を案じ、同志社に奉仕した。蘇峰にいわせれば、同志社は「新島先生が創った学校」だからである。

明治二四年に設立された同志社政法学校を継承し、明治二七年に大学文学部とともに法学部（法律科と経済科）ができ、ようやく新島の大学設立の夢がかなう。

蘇峰はその専用校舎「致遠館」の建設でも多大な貢献をする。館名の名づけ親になったばかりか、現在、建物の入口の扁額も蘇峰の書である。偶然にも大隈が長崎で最初に経営した塾も「致遠館」である。

さて、日英同盟締結後の徳富蘇峰は、**桂太郎**首相と一心同体だった。桂太郎と親交を結び、次第に右寄りになる。そして日露戦争直前の一九〇三（明治三六）年四月、国民新聞は創刊四〇〇〇号を迎え、「吾人は唯だ真に忠良、穏健なる日本国民の機関たらんことを期する也」と宣言した。そして日露戦争前の販売部数も順調に伸ばし、発行部数は一万八〇〇〇部に達し、毎日新聞を凌駕した（『徳富蘇峰と国民新聞』）。

明治三八年になり、桂内閣を言論面で支援し、日露戦争講和に賛成した国民新聞は、講和反対派に、焼き討ち襲撃を受ける。その時、徳富は、「日本に継戦能力がないのを知っていたから、焼き討ちに遭ってもびくともしなかった」と平然としていたそうである。そして、明治四四年八月、貴族院勅選議員になり、これを機に、蘇峰は国家主義の色合いを強め始めることになる。

蘇峰は明治二五年に『吉田松陰』を「国民之友」に連載、翌年出版した。歴史家でもある蘇峰は、松蔭に興味を持ち、新島襄と吉田松陰の二人に対する憧憬と思慕が重なり、二人が共通した愛国者であることを見いだしたようである。

そして、蘇峰は『吉田松陰』の中で、松蔭を借りて、国民の国家意識と自己創出のモデルに位置づけたのだが、これはいみじくも蘇峰自身が自由主義、平民的欧化主義から帝国主義、国家膨張主義へと傾斜していった転換点にあったことと重なるのである。

大正七年七月から「近世日本国民史」を国民新聞に掲載し始め、昭和四年まで同紙に連載された。後に昭和二七年「近世日本国民史」全一〇〇巻を脱稿する。織田信長から西南戦争まで叙述したものので蘇峰の半生の全精力を傾けたものであった。

また、昭和一〇年から一三年、同志社総長に甥の湯浅八郎が就任したため、同志社の存続のため協力する。湯浅八郎とは主義主張には異なるところがあったが、国家権力に対して、影武者のごとく影響力を行使し、同志社の苦難を救う。

昭和一七年、言論界の長老として大日本文学報国会会長に祭り上げられるが、正確な戦況は知らされていなかったという。そして翌一八年には文化勲章を受ける（後に返還）。

戦後は、公職追放、戦犯容疑で蟄居の身となった。その間「近世日本国民史」の執筆に費やした。

一九五七（昭和三二）年一一月二日、九四歳で熱海の晩晴草堂で死去した。葬儀は京都での同志社社葬と共に、東京でも霊南坂キリスト教会で行われた。

このように、徳富蘇峰の足跡は、明治、大正、昭和の三代を通じて、それぞれの時代で多面的な表情を見せている。新島襄ともう一人の師、**勝海舟**譲りの「機を見るのに敏」であり、日和見主義といわれたが、国家中心のナショナリズムに支えられていた。その政治評論を通じて国家の将来を賭した先見性は白眉であった。一方文芸振興に果たした役割は大きいという見方がある反面、当初は平民主義を唱えながら国家膨張主義に転じ、大日本言論報国の会会長を務めるなど太平洋戦争への流れを言論面で助長したという「蘇峰嫌い」の声もいまだに根強いのも事実である。

徳富は「近世日本国民史」全一〇〇巻をはじめ、著書が三〇〇以上にのぼり、前述のように福澤諭吉を再評価し、福澤に勝るとも劣らない偉大な文筆家、歴史家であるとともに、二〇世紀を代表するジャーナリストであった。そして、二〇〇七（平成一九）年に『徳富蘇峰終戦後日記』全四巻が出版され、蘇峰の思想、生涯を理解するのに役立った。

蘇峰の住まいであり、「近世日本国民史」を脱稿した山王草堂の寝室には新島襄の臨終の際、三日間付き添って遺言をしたためた時に着用したフロックコートが今でも掛けたままになっている。

桂太郎（一八四八〜一九一三）
長州藩、毛利家の庶流で重臣であった桂家の生まれ。大江広元や桂元澄などの子孫に当たる。陸軍軍人、政治家。第一一・一三・一五代内閣総理大臣。元老、公爵。台湾協会学校（現拓殖大学）創立者で初代校長になる。日露戦争で日本を勝利に導いた宰相である。

勝海舟（一八二三〜一八九九）
江戸本所亀沢町に生まれる。安政二（一八五五）年蕃書翻訳係に採用され、のち長崎の軍艦操練所教授方頭取となった。一八六〇（万延元）年、遣米使節の随行艦咸臨丸で渡米する。一八六四（元治元）年、軍艦奉行となり安房守と称した。海軍操練所では広く諸藩の人材を教育し、坂本龍馬が門弟となった。幕府側と倒幕側の間に立ち、明治元年、海軍奉行並、陸軍総裁として西郷隆盛と会見し、江戸城無血開城を実現した。

蘇峰の「新島襄観」のまとめ

徳富蘇峰が九二歳の時に著した『三代人物史』は実に一八〇頁にわたり、新島襄評伝が占めている。蘇峰著『新島襄伝』ともいえる比較的長編の評伝であるが、残念ながら完結していない。
また、『新島襄全集』に収録されている蘇峰宛て新島書簡は一二八通で、他の誰よりも多い。それだけ二人の間は親密であった。そして「同志社大学設立の旨意」の原稿を委託したことでもわかるように、二人は強い信頼関係の絆で結ばれていた。

徳富蘇峰は『三代人物史』をはじめ自伝、新聞、雑誌などで新島襄観を書いているが、「人間の価値は奉仕する心の純潔と熱誠とに依って、定まるものであるという事を教えたのは、新島先生である」（『蘇峰自伝』）と師として敬慕した理由を第一に挙げている。

そして、それが最も的確な蘇峰の新島観と思われるのは次の文章である。


「予は新聞記者として、日本に於けるあらゆる知名の人士に、接見する機会を得た。西郷、木戸、大久保の三人には、遂に相接する機会を得なかったが、明治一五、六年以来の人士にはほとんど悉く接見し、若しくは其の人物の何者たることを知る機会を得た。然も、予の見る所によれば、未だ新島襄の如き、真醇《しんじゅん》熱烈なる愛国者を見たことは無い。予自身としては、彼をキリスト者としてよりも、寧ろ真醇熱烈なる日本男児として、より多く彼を愛敬するものである。友人浮田和民が新島を評して吉田松陰の洗礼を受けたるものが、新島襄であると言ったことは、恐らくは適評であろうと思う」（『新島先生と徳富蘇峰』）

そして、蘇峰は晩年九三歳の時、「新島先生の魅力」という題で同志社創立八〇周年に文章を寄せている。その最後の文書が挙げてみよう。

「恐らくは、先生の短所や欠点を知って居る者も、予に如く者は無いとは云はんが、少なかったと思ふ。然し如何なる短所欠点を知り尽しても、予は今猶先生の如き人を師とし得たることは、老生の一生の幸運であったと思ふ。予にしては恰かも予が注文通りの師であった。世人が私の言を以て好む所に阿ると云っても、予は毫も弁解する必要を感じない。日本に生れたる一個の男児新島襄は、老生が実に好む所の、敬する所の、而して愛すの所の日本人であった」（『新島研究』1）。

師を思う蘇峰の晩年の言葉としてきわめて感動的である。

なお、新島が永眠後、その遺物が門人たちに与えられる際、蘇峰は敢えて八重夫人に願い出て、愛用の「英訳聖書」一八六六（慶應二）年に新島が受洗する八カ月前、J・M・シアーズより贈られた記念すべき聖書）を拝受した。蘇峰にとって「聖書は新島襄そのもの」であり、「実に先生に対するが如し」であったからである（『徳富蘇峰の研究』）。

その後、蘇峰は昭和二八年、同志社創立七八周年に際し、不即不離の秘蔵品を遂に同志社へ献納し、現在は桐の箱に入れられ新島遺品庫に保存されている。

J・M・シアーズ（一八五四～一九〇五）
イエール大卒業。ボストンを基点に実業界で成功し、最高多額納税者となる。富豪の父の死去で、二歳からハーディー家で養子となる。新島襄は義兄弟に当たる。新島へは自宅と教会堂の建設資金として各一〇〇〇ドル相当を寄付している。

エピソード「カタルパの木　新島襄と蘇峰の師弟愛」

カタルパの種子を日本に最初に持ち込んだのは新島襄である。その種子が蘇峰によって植えられ、育った一世は残念ながら一九六〇（昭和三五）年頃に枯れてしまったが、その種子から二世が育ち、今は熊本の大江義塾跡にある徳富記念園で大きな成木になっている。カタルパとは聞き慣れない名前であるが、アメリカ原産の落葉樹で、和名を「アメリカキササゲ」といい、この公園の木は高さが約七メートルであるからまだまだ大きくなるだろう。カタルパは米国原産の落葉樹で、成長すると高さ約二〇メートルになる。東京の山王草堂にあるカタルパは二世の子で、いわば蘇峰が育てた木の孫にあたり、平成二年に熊本から東京に贈られたものである。東京大田区の山王草堂の玄関の入口の右に、「新島襄・徳富蘇峰師弟愛の木」の銘版がついて、立派に成育している。もう一本は同志社大学田辺キャンパスの新島記念会館の入口に植えられている。

この珍しい名木三本が、蘇峰と新島の師弟愛のシンボル、固い絆の証になっている。

カタルパの木
（東京・大田区山王草堂）

おわりに

二〇〇八（平成二〇）年五月、テレビ朝日のサンデープロジェクト二〇周年特別番組「我が青春に悔いなし」に出演した中曽根元総理大臣は、自らの尊敬する人物として「新島襄」を第一に挙げた。同郷の偉人に敬意を払ったということだけでなく、国家を憂い、民主主義を基調にした思想、そして時代の課題解決に果敢に挑戦した行動に、共感性を持っていたからであろう。そして、中曽根氏は新島襄の高弟である徳富蘇峰を師として慕い、その教えを乞うため、昭和二三年から二七年ごろまで、断続的に熱海の「晩晴草堂」通いが繰り返されたという（『政治と人生』）。

蘇峰は「これからの時代は流動するから、大局さえ失わないなら、大いに妥協しなさい」と助言している。中曽根氏は「政界の風見鶏」といわれたが、どうやらこの教えは、蘇峰から中曽根氏への直伝であった。

蘇峰のナショナリズムを、ある人は変節漢と呼び、人によって異なるが、大勢順応型の風見鶏にたとえる観方もある。さらに、生き方そのものが近代から現代までの日本の姿を象徴しているようにみえる。

慶應義塾、早稲田、同志社の三大学は、明治、大正、昭和の各時代に、夫々苦難の歴史が刻み込まれている。そして、創立者三人の中で、大隈が他の二人と親しい間柄であったが、相互に、信頼し、そしてお互い助けたり、助けられたりのドラマがあった。

さて三人の創った大学の強みは、学問の独立という点で共通し、伝統の力も味方し、今日まで、校祖のDNAとなって弟子たちに継承され、多くの有能な人材を輩出した。政治、経済・産業、医学、教育、文学、芸術などあらゆる分野で、功なり名を遂げた人たちが、また新たな「手本」「範」を示し、後輩に引き継がれた。

本文で触れたが、全体主義国家、官僚支配の元祖は大日本帝国憲法であり、もちろん三人の意に反するものであった。戦後、ようやく新憲法が公布され、基本的人権が回復された。

この平和の時代、教育の中身でいえば、知育、徳育、体育のバランスがとれていることが何より重要であるし、官立大学に比べ、私立大学が誇ってよい伝統である。

ちなみに、学生スポーツでは、野球の早慶戦は、両校の絆を強くしただけでなく、世間に学生スポーツ振興のエースとして有名にした。もう一方の人気のある学生スポーツ・ラグビーは一八九九（明治三二）年、当時慶應義塾の英語教師で、かつてケンブリッジ大学のラグビー選手であったE・B・クラークが、慶應義塾の学生にラグビーを直接指導したのが日本ラグビーの最初であった。次いで京都の三高、三番目が明治四四年の同志社である。同志社大学ラグビー部は今年（二〇一〇年）で、創部一〇〇年を迎え、慶応義塾と京都大を相手に記念試合を行った。そして四番目が、大正七年創部の早稲田であった。早稲田のラグビー部の初代主将の井上成意は同志社中学でラグビーの主力選手であった。そして、現在、日本ラグビー蹴球発祥記念碑が慶應義塾のラグビー場に設置されている。伝統とはこうして創られ、後世に引き継がれるものである。

今、大学は新たな変革を求められている。これからの教育界のリーダーたちに求められるのは、福澤諭吉、大隈重信、新島襄の三人の先覚者が学問の独立を掲げ、時代の変化にチャレンジしたように、伝統にプラスした現代的意義を再確認し、いかに個性と独自性を発揮し、時代の要請に応えるかである。そしてグローバル化に対応し、創造性のある、才気ある人材の輩出が期待されている。

最後に、この本をまとめるに当たり、同志社社史資料センター・国立国会図書館には写真、資料提供などを受け、お世話になった。また発刊に当っては大学教育出版の佐藤守社長、編集部の安田愛さんには適切な助言とお骨折りをいただいた。併せて感謝の意を表したい。

二〇一〇年　一二月

志村　和次郎

参考図書・文献

・司馬遼太郎『この国のかたち』文芸春秋（一九九〇）
・司馬遼太郎『明治という国家』日本放送出版協会（一九九四）
・小栗栖香平訳『耶蘇教と実学の争闘』愛国護法社（一八八三）
・伊藤瀰彦『明治思想史の一断面』晃洋書房（二〇一〇）
・福澤諭吉協会『福澤諭吉年鑑5』（一九七八）
・福澤諭吉協会『福澤諭吉年鑑7』（一九八〇）
・丸山真男『文明論の概略を読む上・中・下』岩波新書（一九八六）
・片山哲『安部磯雄伝』毎日新聞社（一九五八）
・石田雄『近代思想体系・福澤諭吉』筑摩書房（一九七五）
・玉置紀夫『起業家福澤諭吉の生涯』有斐閣（二〇〇二）
・礫川全次『知られざる福澤諭吉』平凡社新書（二〇〇六）
・千種義人『福澤諭吉の経済思想』同文館出版（一九九四）
・石川半次郎『実業論　福澤諭吉立案』博文館（一八九三）
・佐藤隆三『福澤諭吉の実学にみる現代の日米ベンチャー精神』講談社（一九八四）
・出石尚三『福沢諭吉背広のすすめ』文藝春秋（二〇〇八）

・野田一夫『財界人思想全集』ダイヤモンド社（一九七〇）
・四宮正親『独立自営を実現した企業家活動』法政大学産業情報センター（二〇〇一）
・学校法人同志社『同志社百年史』学校法人同志社（一九七九）
・西田毅他『民友社とその時代』ミネルヴァ書房（二〇〇三）
・新島襄全集編集委員会『新島襄全集』全一〇巻　同朋社（一九八三〜一九九六）
・同志社『新島襄・近代日本の先覚者』学校法人同志社（一九九三）
・J・Dディビス『新島襄の生涯』同志社大学出版部（一九九二）
・本井康博『新島襄の交遊』思文閣出版（二〇〇五）
・本井康博『元祖リベラリスト』思文閣出版（二〇〇八）
・尾崎行雄記念財団『明治百年文化功労者記念講演集』（一九六八）
・渋沢栄一伝記資料刊行会『渋沢栄一伝記資料一巻〜二八巻』竜門社（一九五五〜一九五九）
・同志社・編集委員会『現代語で読む・新島襄』丸善（二〇〇〇）
・安部磯雄『社会主義者になるまで』（自叙伝）改造社（一九三二）
・片山哲『安部磯雄伝』毎日新聞社（一九五八）
・早稲田大学史編集所　大隈重信叢書『大隈重信は語る』早稲田大学出版部（一九六九）
・木村時夫『知られざる大隈重信』集英社（二〇〇〇）
・同志社山脈編集委員会『同志社山脈』晃洋書房（二〇〇三）
・本井康博『新島襄と徳富蘇峰』晃洋書房（二〇〇二）

・森中章光『新島先生と徳富蘇峰』同志社（一九六三）
・米原謙『徳富蘇峰』中公新書（二〇〇三）
・徳冨猪一郎『将来の日本』経済雑誌社（一八八七）
・徳冨猪一郎『我が交遊録』中央公論社（一九三八）
・同志社校友会『新島先生記念集』同志社校友会（一九六二）
・徳富蘇峰『徳富蘇峰終戦後日記4』講談社（二〇〇七）
・佐藤能丸『志立の明治人』芙蓉書房出版（二〇〇五）
・伊藤正雄『明治人の観た福澤諭吉』慶應義塾大学出版会（二〇〇九）
・徳冨猪一郎『新日本之青年』9版　民友社（一九〇一）
・徳冨猪一郎『新島襄先生』同志社（一九五五）
・志村和次郎『新島襄とその高弟たち』上毛新聞社（二〇〇四）
・志村和次郎『新島襄と私立大学の創立者たち』キリスト新聞社（二〇〇四）
・志村和次郎『新島襄と下村孝太郎』大学教育出版（二〇〇八）

（写真提供）同志社社史資料センター・国立国会図書館

（挿画・スケッチ）志村和次郎

■近代高等教育年譜

年（年号）	事項
一八六八（慶応四）	福澤諭吉、塾名を「慶應義塾」と定める。九月改元、明治となる。
一八六九（明治二）	四・松平慶永　大学別当となる。
一八七一（明治四）	七・四、文部省を創設。大木喬正初代文部卿となる。 八・二九、廃藩置県の詔書（三府三〇二県）。 一二・二三、岩倉使節団欧米視察に出発。
一八七二（明治五）	五・一二、新島襄、岩倉使節団の欧州教育視察に加わる。 七・四、文部省、東京に師範学校を設立。 九・五、学制を発布。 一二、新島襄、文部省への「理事功程」原案提出。
一八七三（明治六）	四・二八、学制二編追加を発布。 六・三〇、米人モルレー、文部省の最高顧問として来日。
一八七四（明治七）	一・二五、木戸孝允、文部卿となる。 三・一三、東京に官立の女子師範学校を設立。
一八七五（明治八）	四・一九、福澤諭吉、『文明論之概略』四・『学問のすゝめ』一四編を刊行。 一一・二九、同志社英学校開校。
一八七六（明治九）	七・三一、クラーク、札幌農学校へ着任。

一八七七（明治一〇）	四・一二、東京開成学校と東京医学校とを合併し、東京大学と改称。 四・二八、同志社女学校開校。 八・一四、札幌農学校正式に開校（W・Sクラーク初代臨時校長）。 一〇・一七、私立の華族学校開業式、学習院の称号となる。
一八七八（明治一一）	四・　クラーク帰国、新渡戸稲造・内村鑑三、札幌農学校へ入学。 五・一四、文部省、日本教育令案を上奏。
一八七九（明治一二）	一・一五、東京学士会院（現日本学士院）の初代会長に福澤諭吉就任。 九・一〇、寺島宗則、文部卿となる。 九・二九、学制を廃して教育令を定める。
一八八〇（明治一三）	九・一二、東京法学社（法政大学の前身）東京神田駿河台に開校。 一二・二八、河野敏鎌、文部卿となる。 一二・二八、教育令を改正（教育令の現状適応主義を改め、国家基準を明示。同時に教育費国庫補助を廃止）。
一八八一（明治一四）	一・一七、明治法律学校（明治大学の前身）東京麹町に岸本辰雄らにより開校。 八・一九、師範学校教則大綱を定める。
一八八二（明治一五）	一〇・二一、東京専門学校（現・早稲田大学）開校。
一八八三（明治一六）	七・六、府県立師範学校通則を定める（師範学校の設置基準を示す）。 九・九、大日本教育会の創立（半官半民の性格を持つ、全国規模を持つ教育団体）。 一二・一二、大木喬任、文部卿となる。

一八八五（明治一八）	九・一〇、英吉利法律学校（中央大学の前身）開校。 一二・二二、太政官制を廃し、内閣制度確立。初代文部大臣に森有礼（第一次伊藤内閣）。
一八八六（明治一九）	ヘボン、明治学院の初代院長になる。 三・二、帝国大学令を公布。 四・二九、東京師範学校を東京高等師範学校とする。
一八八七（明治二〇）	八・一九、文部省、各高等中学校に医学部を設置。
一八八八（明治二一）	一一・七、「同志社大学設立の旨意」全国主要紙に公開される。
一八八九（明治二二）	大日本憲法発布。ランバス、関西学院設立。 三・二二、榎本武揚、文相（黒田内閣）に就任。
一八九〇（明治二三）	一・二三、新島襄、神奈川県大磯で死去。 三・二五、高等師範学校から女子部独立、女子高等師範学校となる。 一、慶應義塾に大学部を設け、文学、理財、法律の三科を置く。
一八九一（明治二四）	六・一、大木喬任、文相（第一次松方内閣）となる。
一八九二（明治二五）	八・八、河野敏鎌、文相（第二次伊藤内閣）となる。
一八九三（明治二六）	三・七、井上馨、文相（第二次伊藤内閣）となる。
一八九四（明治二七）	合併により青山学院発足。 六・二五、高等学校令を公布（高等中学校を高等学校と改称）。 一〇・三、西園寺公望　文相（第二次伊藤内閣）となる。

一八九六（明治二九）	一二・一〇、大日本教育会、国家教育社を合併して帝国教育会を結成。 一二・一八、高等教育会議規則を公布。
一八九七（明治三〇）	六・二二、帝国大学を東京帝国大学と改称し、京都帝国大学を設置。 一一・六、浜尾新、文相（第二次松方内閣）となる。
一八九八（明治三一）	四・三〇、外山正一、六・三〇、尾崎行雄、一〇・二七、犬養毅、文相　一一・八、樺山資紀、文相となる。
一八九九（明治三二）	八・三、私立学校令を公布。
一九〇〇（明治三三）	九・一四、津田梅子、東京麹町に女子英学塾（現津田塾大学）を開校。 一〇・一九、松田正久、文相（第四次伊藤内閣）となる。
一九〇一（明治三四）	二・三、福澤諭吉死去。
一九〇二（明治三五）	九・二、東京専門学校、早稲田大学と改称、大学部と専門部を新設。 三・二八、高等師範学校を東京高等師範学校と改称。広島高等師範学校設置。 四・二〇、日本女子大学校開校。
一九〇三（明治三六）	三・二七、専門学校令を公布。 九・二二、久保田譲、文相（第一次桂内閣）となる。
一九〇四（明治三七）	二・一〇、ロシアに宣戦布告（日露戦争）。
一九〇五（明治三八）	九・五、日露講和条約。 一二・一四、桂太郎、文相（第一次桂内閣）兼任。

一九〇六（明治三九）	一・七、西園寺公望、文相（第一次西園寺内閣）兼任。 三・二七、牧野伸顕、文相（第一次西園寺内閣）となる。
一九〇七（明治四〇）	四・一、大隈重信、早稲田大学総長に就任。
一九〇八（明治四一）	四・一、女子師範学校を東京女子高等師範学校と改称、奈良女子高等師範学校を設置。 七・一四、小松原英太郎、文相（第二次桂内閣）となる。
一九〇九（明治四二）	九・一三、文部省、教育勅語・戊申詔書の趣旨貫徹をはかるよう訓令。
一九一〇（明治四三）	五・三一、文部省、師範学校教授要目を定める。 八・二二、韓国合併に関する日韓条約調印。
一九一一（明治四四）	八・三〇、長谷場純孝、文相（第二次西園寺内閣）となる。
一九一二（明治四五）	四・一、同志社大学・予科、神学部、政治経済部、英文科発足。 七・三〇、天皇崩御、大正と改元（八月二七日、追号を明治天皇と勅定）。 一一・九、牧野伸顕、文相（第二次西園寺内閣）となる。 一二・二一、柴田家門、文相（第三次桂内閣）となる。

■福澤諭吉の年譜

年（年号）	事項
一八三五（天保五）	天保五年一二月一二日（太陽暦一八三五年一月一〇日）大阪堂島の玉江橋北詰にある中津藩蔵屋敷で生まれる。
一八三六（天保七）	父百助死亡。母子六人藩地中津に帰る。
一八五四（安政二）	兄、三之助のすすめで蘭学を志して長崎へ出る。
一八五五（安政三）	医師、蘭学者である大坂の緒方洪庵の適塾へ入門。
一八五七（安政四）	兄、三之助が病死したために中津に帰り福澤家を継ぐ。
一八五八（安政五）	藩命令で江戸へ出府、藩主奥平家の中屋敷に蘭学塾を開く。（慶應義塾の起源）
一八六〇（万延元）	咸臨丸で従僕として渡米、帰朝後幕府の外国方に雇われる。同年八月に最初の著訳書『増訂華英通語』を刊行。
一八六二（文久二）	遣欧使節団に随行して、ヨーロッパ各国を回る。（フランス、イギリス、オランダ、プロシア、ロシア、ポルトガル）
一八六六（慶応二）	欧州諸国を回り見聞きしたことをまとめた『西洋事情』初編を刊行。
一八六七（慶応三）	幕府の軍艦受取委員随員として再渡米。
一八六八（慶応四）	塾名を「慶應義塾」と定める。九月改元、明治となる。

一八七一（明治四）	慶應義塾、三田に移転。
一八七二（明治五）	『学問のすゝめ』初編を刊行。
一八七五（明治八）	三田演説館を開館。この年『文明論之概略』『学問のすゝめ』一四編を刊行。
一八七九（明治一二）	東京学士会院（現日本学士院）の初代会長に就任。『民情一新』、『国家論』を刊行。
一八八〇（明治一三）	日本最初の社交クラブ「交詢社」を起こす。
一八八二（明治一五）	「時事新報」発刊。
一八八六（明治一九）	全国漫遊を思い立つ。「男女交際論」刊。
一八九〇（明治二三）	新島襄の死去に際し、時事新報社説で「真の独立の士」と称える。慶應義塾に大学部を設け、文学、理財、法律の三科を置く。
一八九二（明治二五）	北里柴三郎を助けて伝染病研究所の設立に尽力する。
一八九二（明治二五）	「実業論」刊、北里柴三郎と伝染病研究所設立。
一八九七（明治三〇）	「福翁百話」刊、「福翁自伝」時事新報に連載。
一八九八（明治三一）	『福澤全集』全五巻刊行。脳溢血の発作。
一八九九（明治三二）	『福翁自伝』『女子学評論・新女大学』刊行。
一九〇〇（明治三三）	門下の高弟数名をして編纂させた「修身要領」を発表。多年にわたる著訳教育の功により皇室から、金五万円を下賜される。
一九〇一（明治三四）	一月二五日脳出血症再発。二月三日永眠。

■大隈重信の年譜

年（年号）	事項
一八三八（天保九）	二月一六日、佐賀の会所小路で生まれる。
一八五三（嘉永六）	藩校弘道館内生寮に入寮。
一八五五（安政二）	六月、弘道館で南北騒動が起こり、主謀者として退学させられる。
一八五六（安政三）	蘭学寮に入る。枝吉神陽に国学を学ぶ。
一八六一（文久元）	蘭学寮が弘道館に合併され、教授となる。 藩主鍋島直正にオランダ憲法を進講。英学を始める。
一八六四（元治元）	藩当局に、経済政策について意見を述べる。 長崎「代品方」（貿易機関）に派遣される。
一八六五（慶応元）	長崎に英学塾「致遠館」を設立する。
一八六七（慶応三）	三月、徳川慶喜に大政奉還をすすめるため、副島種臣とともに脱藩して京都に行く。 五月、藩吏につかまって佐賀へ送り返される。 一カ月の謹慎を命じられる。
一八六八（慶応四） （明治元）	三月、徴士参与職として政府に召し出され、外国事務局判事となって長崎に勤務する。 四月、キリスト教信者の処分問題、イギリス公使パークスと論争して名を上げる。

	一二月、外国官副知事となる。
一八六九（明治二）	二月、三枝七四郎の娘綾子と結婚する。
	三月、会計官副知事を兼任する。
	四月、築地に家を建てる。七月大蔵大輔となる。
一八七〇（明治三）	九月、参議に就任。
一八七三（明治六）	一〇月、大蔵卿に就任。以後財政面で活躍する。
一八八〇（明治一三）	二月、大蔵卿を辞任する。
一八八一（明治一四）	三月、国会開設問題について、伊藤博文と意見が合わず対立する。
	七月、天皇の東北巡幸にお供する。
	一〇月、政変によって参議を辞任する。
一八八二（明治一五）	三月、立憲改進党を結成しその総理となる。
	一〇月、東京専門学校（のちの早稲田大学）を開校する。
一八八八（明治二一）	二月、外務大臣となり、条約改正に取り組む。
一八八九（明治二二）	一〇月、玄洋社員来島恒喜に爆弾を投げられて負傷し、右脚を切断する。
一八九六（明治二九）	九月、外務大臣となる。（翌年一一月辞任）

一八九八（明治三一）	六月、憲政党を結成、第一次大隈内閣をつくる。（日本初の政党内閣）
	一一月、内閣解散。
一九〇二（明治三五）	九月、東京専門学校を大学組織に改め、早稲田大学と呼ぶ。
一九〇七（明治四〇）	四月、早稲田大学総長となる。
一九一四（大正三）	四月、第二次大隈内閣を組織する。
一九二二（大正一一）	一月一〇日、死去。
	一月一七日、日比谷で盛大な国民葬が行われる。

■新島襄の年譜

年（年　号）	事　項
一八四三（天保一四）	一・一四（陽暦二月一二日）上州安中藩江戸屋敷で新島襄（幼名七五三太）誕生。
一八六四（元治元）	六・一四（陽暦七月一七日）新島は国禁を犯して函館から米船ベルリン号で海外に脱出。（二一歳）
一八六五（慶応元）	七月、ボストン着。一〇月、上海で乗りかえたワイルド・ローヴァー号の船主Ａ・ハーディー夫妻の援助を受け、フィリップス・アカデミーに入学。
一八六六（慶応二）	一二月、アンドーヴァー神学校付属教会で洗礼を受ける。
一八六七（慶応三）	フィリップス・アカデミー卒業。アーモスト大学入学。（二四歳）
一八七〇（明治三）	アーモスト大学卒業。アンドーヴァー神学校入学。（二七歳）
一八七二（明治五）	岩倉具視使節団と会い、欧米教育制度調査の委嘱を受け、文部理事官田中不二麿に随行して欧米各国の教育制度を視察。
一八七四（明治七）	アンドーヴァー神学校卒業。 一〇月、アメリカン・ボード海外伝道部の年次大会で、日本にキリスト教主義大学の設立を訴え、五〇〇〇ドルの寄付の約束を得る。 一一月、横浜に帰着。（三一歳）
一八七五（明治八）	一一月二九日、官許同志社英学校開校。京都府知事槇村正直、府顧問山本覚馬の賛同を得、開校。

	新島襄初代社長に就任。
一八七六（明治九）	一月、山本覚馬の妹八重と結婚。 九月、今出川校地へ移る。 一〇月、京都御苑内柳原邸に女子塾開設。
一八七七（明治一〇）	四月、同志社分校女紅場を開設。九月、女紅場を同志社女学校と改称。
一八七九（明治一二）	六月、英学校第一回卒業生（予科一五人）を出す。
一八八〇（明治一三）	四月一三日、朝礼の際、新島は自分の掌を杖で打ち、自らを罰して生徒に訓す。「自責打掌」事件。
一八八三（明治一六）	二月、「同志社社則」を制定。
一八八八（明治二一）	七月、大学設立資金募集説明会、大隈外務大臣官邸で開く。 一一月、「同志社大学設立の旨意」を全国の主要な雑誌・新聞に発表。
一八八九（明治二二）	アーモスト大学から名誉博士号を送られる。
一八九〇（明治二三）	一月二三日、募金運動中に前橋で倒れ、静養先の神奈川県大磯の旅館百足屋で、徳富蘇峰、小崎弘道らに一〇か条の遺言を託して永眠（四七歳）新島襄永眠。
一八九一（明治二四）	九月、政法学校開校。政治科と理財科を置き、法学部と経済学部の前身とみなされている。
一八九三（明治二六）	一〇月、同志社徽章（校章）を制定。
一九〇一（明治三四）	同志社女学校専門学部設置。

一九〇四（明治三七）	四月、専門学校開校。専門学校令による神学校と専門学校を開校し、政法学校、理化学校などは廃止もしくは統合された。
一九〇九（明治四二）	同志社カレッジソング（W・M・ヴォーリズ作詞）を制定。
一九一二（明治四五）	四月、専門学校令による同志社大学（予科・神学部・政治経済部・英文科）ならびに女学校専門学部開校。

■徳富蘇峰の年譜

年（年号）	事項
一八六三（文久三）	一月二五日、徳富一敬（号淇水）・久子の第五子長男として、熊本に生まれる。
一八七三（明治六）	熊本洋学校に入学。年少のため退学。（明治八年父の言に従い再入学）
一八七六（明治九）	熊本洋学校閉鎖と共に同校を退学。上京して東京英学校（第一高等学校の前身）に通学。そこでの勉学に満足せず京都の同志社英学校に移る。一二月、新島襄から受洗。
一八八〇（明治一三）	自責の杖事件。同志社卒業直前に退学。上京後一一月に熊本に帰る。
一八八二（明治一五）	大江義塾を開校。自らも経済学などを教え、共に学ぶ。
一八八四（明治一七）	静子と結婚。『明治二三年後の政治家の資格を論ず』を自費出版。
一八八六（明治一九）	『将来之日本』を田口卯吉の経済雑誌社より刊行。その好評により、大江義塾をたたみ、一家を挙げて上京する。
一八八七（明治二〇）	民友社を設立し、総合雑誌『国民之友』を創刊。
一八九〇（明治二三）	『国民新聞』を創刊。
一八九二（明治二五）	家庭改善の必要を認め『家庭雑誌』を発刊。
一八九三（明治二六）	『吉田松陰』発刊。
一八九六（明治二九）	深井英五を伴い、一年二カ月かけて欧米を漫遊。欧米の新聞事業を視察した。

	イギリスでは『タイムズ』や『デイリー・ニューズ』など訪問。ロシアではトルストイを訪問した。
一八九七（明治三〇）	帰国後八月、松方内閣の内務省勅任参事官に就任。
一九〇五（明治三八）	日露戦争講和条約を支持し、それに反対する民衆によって国民新聞社は焼討ちにあう。
一九一〇（明治四三）	朝鮮の新聞『京城日報』の監督の任につく、以後大正七年まで年二、三回京城に赴く。
一九一一（明治四四）	桂太郎の推薦で貴族院議員に勅撰される。
一九一三（大正二）	桂太郎の新政党を支持。「桂内閣排撃国民運動」によって国民新聞社は二回目の焼討ちにあう。
一九一八（大正七）	『近世日本国民史』を起稿。国民新聞への連載始まる。
一九二三（大正一二）	関東大震災で被害。主婦の友社の石川武美社長、資本参加する。
一九二六（大正一五）	根津嘉一郎の出資を受け株式会社国民新聞社になる。
一九二九（昭和四）	国民新聞社を退社。『大阪毎日新聞』『東京日日新聞』の社賓になる。
一九四二（昭和一七）	「日本文学報国会」・「大日本言論報国会」の会長に就任。
一九四三（昭和一八）	第一回の文化勲章を受ける。
一九四五（昭和二〇）	A級戦犯容疑者に指名され、公職追放。持病のため自宅拘禁となる。
一九五二（昭和二七）	公職追放解除される。『近世日本国民史』一〇〇巻完成。

一九五四（昭和二九）	三月『三大人物史』を連載。
一九五七（昭和三二）	一一月二日、熱海の晩晴草堂で逝去。同志社葬、ならびに赤坂霊南坂教会において、小崎道雄牧師によりキリスト教式の葬儀が行われた。（享年九四歳）

■著者紹介

志村 和次郎（しむら　かずじろう）

群馬県高崎市に生まれる。1961年、同志社大学法学部卒業。ヤマハ発動機の管理職、子会社役員を歴任。経営コンサルタント（中小企業診断士）として独立。中小企業大学校の講師などを経て、ＩＴ企業、ベンチャー企業の社長、役員、起業支援団体・ニュービジネスブレイン機構の代表理事などを歴任した。「明治史の研究（事業家研究）」で文筆活動に入る。趣味は歴史散策、美術館・博物館巡り。
日本ベンチャー学会正会員。

著書は『最新事業戦略と事業計画書がよくわかる本』（秀和システム）『マーケティング　数字の読み方と活用術』（同友館）『ヤマハの企業文化とＣＳＲ』（産経新聞出版）『創造と変化に挑んだ６人の創業者』（日刊工業新聞社）『新島襄とその高弟たち』（上毛新聞社）『新島襄と私立大学の創立者たち』（キリスト新聞社）『新島襄と下村孝太郎』（大学教育出版）など多数。

徳富蘇峰が観た三人の校祖
――福澤諭吉・大隈重信・新島襄――

2011年 3 月5日　初版第1刷発行

■著　　者――志村和次郎
■発 行 者――佐藤　守
■発 行 所――株式会社　大学教育出版
〒700-0953　岡山市南区西市 855-4
電話（086）244-1268㈹　FAX（086）246-0294
■印刷製本――モリモト印刷㈱

ISBN978 - 4 - 86429 - 032 - 6